ゼロからマスターする

要件事実

基礎から学び
実践を理解する

岡口基一〈著〉

ぎょうせい

はしがき

1　人々の紛争を解決する制度である民事裁判の仕組みについては、様々な考え方があります。ドイツでは、古代ローマの諸制度や考え方も参考にしながら、独自の理論が考案され、それが深化したものが日本にも受け継がれましたが、その延長線上にあるのが、現在の「要件事実」です。

本書は、その要件事実の基本書であり、およそ法律の勉強をしたことがない者でも読むことができるように、全くのゼロからスタートし、初心者段階、初級者段階……とステップアップし、最終的には、要件事実に関する知識のほとんどをマスターすることができるという「段階別」の構成になっています。

2　要件事実の基本書は、既に多くのものが出版されていますが、その中には、ロースクールの授業で使用されることを念頭に置いて作成されているからか、結論は示すものの、その結論に至った理由の記載が不十分なものもあります。「司法研修所がこの結論を採用している」という理由しか示していないこともあります。

そのような書籍を独学で使用してしまうと、とかく、「要件事実の暗記」に走りがちです。しかし、それでは、本来楽しい知的な営みであるはずの要件事実の勉強が無味乾燥なものになってしまいますし、また、理屈が頭に入っていないため、法的な思考もできません。本文でも取り上げますが、現在は、法律家の「主張整理」能力の低下が、著名な元司法研修所教官（村田渉教授）から嘆かれる状況になっています。法的な思考ができるようになるためには、記憶するのではなく、理解することが重要です。

そこで、本書では、要件事実の結論を示すだけではなく、その結論が導かれる根拠や理由について、一つ一つ噛み砕いて説明することにしました。

3　要件事実の基本書を分厚いものにすることは容易です。実体法の数多ある論点を次々と要件事実の題材にすればよいのです。しかし、それは、あまり意味があることではありません。実体法の内容は、実体法の教科書によって学ぶべきであり、それを「要件事実化」する作業は、要件事実の基本書に頼らずに自力で行うというのが本来の姿です。

とはいっても、実体法の「要件事実化」の具体例を、ある程度は見ておきたいところです。そこで、本書では、この具体例については、次の文献で扱われている内容を網羅し、かつ、それに限ることにしました。司研・新問研、司研・類型別、司研・事実記載例集、大島・要件事実上、要件事実30講。なお、これ以外の実体法の「要件事実化」については、拙著・要件事実マニュアルによって補うことができます。

4　最後になりましたが、私が要件事実の理論的探究を始めるきっかけを作ってくれた大阪弁護士会法友倶楽部のみなさま、裁判実務における要件事実を最も正確に私に伝授してくれた八木良一元判事、裁判実務が作り上げてきた「智」を後世に伝えてくれた故坂本慶一元司法研修所教官、私に「ゼロからマスターする要件事実」の連載の場を与えていただいた月刊税理の担当者のみなさま、そして、本書を素晴らしい本に仕上げてくれた株式会社ぎょうせいの関係者のみなさまには、特に感謝の意を表したいと思います。

令和4年8月吉日

岡　口　基　一

凡　例

〈裁判例〉

⑴　裁判所名略語

大	大審院
最	最高裁判所

⑵　判例集・定期刊行物等出典略語

民録	大審院民事判決録
民集	大審院民事判例集、最高裁判所民事判例集
裁判集民事	最高裁判所裁判集民事
新聞	法律新聞
判タ	判例タイムズ

〈文献略号表記〉

大島・要件事実上	大島眞一・完全講義民事裁判実務の基礎上（第3版）（2019年、民事法研究会）
奥田・請求権生成展開	奥田昌道・請求権概念の生成と展開（1979年、創文社）
坂本・新要件事実	坂本慶一・新要件事実論—要件事実論の生成と発展（2011年、悠々社）
司研・新問研	司法研修所・新問題研究要件事実付—民法（債権関係）改正に伴う追補（2020年、法曹会）
司研・事実記載例集	司法研修所・10訂民事判決起案の手引（補訂版）（2020年、法曹会）の巻末にある別冊「事実摘示記載例集—民法（債権関係）改正に伴う補訂版—」
司研・類型別	司法研修所・紛争類型別の要件事実　民事訴訟における攻撃防御の構造（第3版）（2021年、法曹会）
要件事実30講	村田渉＝山野目章夫編著・要件事実論30講（第4版）（2018年、弘文堂）

目　次

第2章　初級者段階

第3章　中級者段階（司法試験予備試験受験生、認定司法書士受験生対象）

第4章　上級者段階（司法修習生、法曹対象）

第5章　要件事実段階

プロローグ──法的三段論法

1　駒場家にはルールがあります。「夕食前に宿題が終わっていたら、お母さんからデザートのケーキがもらえる」というものです。

孝君は、その日は、頑張って、ケーキをもらう権利を獲得しました。

2　これを「法的三段論法」というもので説明してみましょう。

最終的な「結論」は、孝君が、その日、ケーキをもらう権利を獲得したことです。

この結論を導くための「大前提」として、「夕食前に宿題が終わっていたら、お母さんからケーキをもらえる権利を獲得する」というルールが、まずは、なければなりません。

次に、孝君が、実際に、夕食前に宿題を終わらせたことも必要です。これを「小前提」といいます。

「大前提」としてのルールがあり、孝君がそのルールが定めた要件を充足したという「小前提」があれば、ケーキをもらう権利の獲得という「結論」にたどりつきます。

法的三段論法

大前提（ルール）

↓　夕食前に宿題が終わっていたら、お母さんからケーキをもらえる。

小前提（ルールが定めた要件の充足）

↓　孝君は、その日、夕食前に宿題を終えた。

結　論

孝君は、その日、お母さんからケーキをもらう権利を獲得した。

3　国全体に話を広げてみましょう。国会で作った「法律」の中に、国全体のルールがあります。

例えば、国民年金の掛金を10年以上払い続けて65歳になると、年金をもらえる権利を獲得することが、法律で定められています。

内海和子さんは、年金の掛金を10年以上払い続けて65歳になったので、年金をもらえるようになりました。

法的三段論法

大前提（ルール＝抽象的な法律の定め）

年金の掛金を10年以上払い続けて65歳になると年金をもらえる。

小前提（ルールが定めた要件の充足）

和子さんは、年金の掛金を10年以上払い続けて65歳になった。

結　論

和子さんは、年金をもらえる権利を獲得した。

4　さて、この本では、最初から最後まで、延々と、法的三段論法が繰り返されます。

「大前提」とは、権利が発生するための要件などを抽象的に定めたもののことであり、そういう定めをした法律のことを「実体法」といいます。

▶実体法の代表選手が「民法」です。民法は、私人間のルールに関する基本法です。

「小前提」とは、その要件に該当する事実があったことです。事実の有無が明らかでなければ、民事訴訟を提起して、証人尋問などの証拠調べの手続によってこれを明らかにするしかありません。

抽象的な定め（＝大前提）があって、その要件に該当する事実（＝小前提）が証拠等によって認められれば、その定めに従った「結論」が具体的に導かれます。

▶ちなみに、法的三段論法の「元ネタ」はアリストテレスの三段論法です。
もっとも、アリストテレスの三段論法は、以下のように、必ず成立します（＝定言的三段論法）。
　大前提　　すべての人は死ぬ。
　小前提　　ソクラテスは人である。
　結　論　　ソクラテスは死ぬ。
　他方、法的三段論法は、必ず成立するわけではありません（＝仮言的三段論法）。孝君が宿題をするとは限らないからです。

第1章

初心者段階

第1節　訴訟に勝つためのルールを覚えよう

Ⅰ　法曹脳になる

1　友達にお金を貸しました。返済期限が過ぎても返してくれません。そこで、貸金の返還を請求するために訴訟を提起することにしました。訴訟を提起した私は原告、提起された友達は被告になります。

まずは、訴訟の勝敗の原則的ルールを知っておきましょう。

〈訴訟の勝敗の原則的ルール〉
1　請求権があることが認められれば、原告の勝訴
2　請求権があることが認められなければ、被告の勝訴

2　返済期限が過ぎても、借りた金を返してくれない友達に対しては、貸金の返還を請求することができます。これを貸金返還請求権といいます。

多くの訴訟は、こうした「請求権」をめぐる争いであるため、法曹（＝法律の専門家）は、「請求権」を軸として、訴訟のことを考えています。

みなさんも、「請求権」を軸として訴訟のことを考えるようにすれば、法曹と同じ思考回路、すなわち「法曹脳」になることができます。

3　訴訟が提起されると、裁判所で審理が行われ、その最後に、審理が終結したことの宣言がされます。この時に請求権があることが認められれば、原告の勝訴です。

訴訟の勝敗の原則的ルールに、勝敗の基準時を加えると、次のようになります。

〈訴訟の勝敗の原則的ルール〉
1　訴訟の審理の終結時に請求権があることが認められれば、原告の勝訴
2　訴訟の審理の終結時に請求権があることが認められなければ、被告の勝訴

審理の終結日から１か月程度で判決が言い渡されるのが通常です。

4　世の中には、様々な請求権があります。アパートの大家さんは賃借人に対し「賃料の支払請求権」を有しています。大工さんは注文主に対し「請負代金の支払請求権」を有しています。インターネットで悪口を書かれた方は書いた人に対し「慰謝料の支払請求権」を有しています。スマートフォンを盗まれた方はそのスマホの「引渡請求権」を有しています。

世の中の物事を、請求権を軸として考える習慣をつけることが、法曹脳になる早道なのです。

Ⅱ　請求権の一生

1　原告が勝訴するためには、その訴訟の審理の終結時に「請求権がある」と認められることが必要です。

例えば、金を返さない友達を訴えたあなたの場合、あなたに、その友達に対する「貸金返還請求権」があることが必要です。

2　請求権は、ある日、発生します。

例えば、あなたが物を売った場合、買主に対し、代金の支払を請求することができますが、その請求権（＝売買代金支払請求権）は、売買契約を締結した時に発生すると考えられています。

3　請求権は、いったん発生すると、消滅原因が生じない限り、そのまま存続します。

訴訟の審理の終結時まで存続していれば、その請求権はその時点で「ある」と認められますから、その請求権に基づく訴訟は、原告の勝訴で終わるのが原則です。

4　請求権は、消滅することがあります。

例えば、上記の貸金返還請求権は、あなたの友達がお金を返せば、その役割を果たして消滅します。

また、売買代金支払請求権は、買主がその代金を支払えば消滅します。

さらに、これらの請求権が消滅時効にかかって消滅することもあります。

訴訟の審理の終結時より前に消滅していれば、その請求権は、訴訟の審理の終結時に「ある」とは認められませんから、その裁判は被告の勝訴となります。

〈請求権の一生〉
発生→存続（→消滅）

5「法曹脳」になると、裁判の仕組みは、とてもシンプルになります。それでは、どうして、司法試験の勉強は大変なのでしょうか。それは、請求権の種類がとても多く、それらの「発生」、「消滅」などの要件を定めたルール（「大前提」である実体法の問題）や、その要件に該当する事実の存在を誰が「証明」するのか（「小前提」である事実の存否の問題）などの話が延々と続くからです。

Ⅲ　請求権の発生原因

1　請求権は、人為的な概念であり、その発生原因も人為的に定められています。それを定めているのが民法をはじめとする実体法です。

2　例えば、あなたが交通事故に遭うと、加害者に対して損害の賠償を請求することができますが、この損害賠償請求権の発生については民法709条が定めています。

同条は、①故意（＝わざと）、又は、過失（＝不注意）に基づく行為によって、②権利等を侵害され、③損害を被ったときに、損害賠償請求権が発生すると定めており、①～③が、この請求権の発生原因です。

3　①～③のような要件を「法律要件」といいます。そして、法律要件が具備されることにより発生するものを「法律効果」といいます。

法律要件の具備 → 法律効果の発生

上記の損害賠償請求権は、民法709条が定めた法律要件を具備することで発生する法律効果というわけです。

法律要件		法律効果
①　故意又は過失に基づく行為	→	損害賠償請求権の発生
②　①による権利等の侵害		
③　②による損害の発生		

4　車を運転していたＡさんが赤信号を無視したことにより、横断歩道を渡っていたあなたがはねられて、傷害を負い、病院で治療をした場合、あなたには、Ａさんに対する損害賠償請求権が発生します。

なぜなら、Ａさんが不注意にも赤信号を無視したことは上記の①に、あなたの身体という人格的権利が侵害されたことは上記の②に、あなたが治療費の支出により金銭的損害を被ったことは上記の③に、それぞれ該当するからです。

5　実体法は法律要件を抽象的に定めていますが、それに当てはまる具体的な事実があることを「法律要件の具備」といいます。

法律要件の具備		具体的な法律効果の発生
①　過失＝Ａさんの不注意	→	あなたのＡさんに対する損害賠償請求権の発生
②　権利の侵害＝あなたの身体に傷害		
③　損害の発生＝あなたが治療費を支出		

6　以上を法的三段論法によって説明してみましょう。

大前提	実体法は、法律要件と、その具備によって発生する法律効果について、抽象的に定めています。
小前提	当該法律要件に当てはまる具体的な事実がありました（＝当該法律要件が具備されました）。
結　論	現実の社会において、法律効果が具体的に発生しました。

大前提	民法709条所定の要件（故意又は過失、権利侵害、損害発生）を具備すると損害賠償請求権が発生するという抽象的な定め
小前提	Aさんの信号無視により、あなたが、はねられて傷害を負い、その治療費を支出した。
結　論	あなたのAさんに対する損害賠償請求権が発生した。

Ⅳ　請求権の消滅原因

1　請求権がどのように消滅するかについても、民法をはじめとする実体法に定められています。

2　例えば、交通事故で傷害を負ったあなたが加害者に対して有する損害賠償請求権は、時効によって消滅することがあります。その根拠条文は民法724条の2と同法145条です。

民法724条の2は、被害者が、「損害が発生したこと」と「加害者が誰であるか」を知ったならば、それから5年以内に損害賠償請求をしなければ、損害賠償請求権が時効によって消滅するとしています。また、民法145条は、この時効消滅の効果は、加害者が時効の援用をすること（＝加害者が、「私は時効の利益を受けます」という意思を表明すること）によって生じるとしています。

これらの条文が定める法律要件を具備すれば、「損害賠償請求権の消滅」という法律効果が発生するというわけです。

法律要件
①　被害者が、損害の発生及び加害者を知った
②　被害者が、①から5年以内に損害賠償請求をしなかった
③　加害者が、時効の援用をした

法律効果
損害賠償請求権の消滅

3　交通事故に遭い入院治療をしたあなたが、加害者がＡさんであることを知ってから５年以内に損害賠償請求をしなければ、Ａさんがこの時効を援用することで、あなたのＡさんに対する損害賠償請求権が時効消滅します。

なぜなら、あなたが、交通事故による損害の発生及び加害者がＡさんであることを知ったことは上記の①に、あなたがそれから５年以内にＡさんに対し損害賠償請求をしなかったことは上記の②に、Ａさんが時効の援用をしたことは上記の③に、それぞれ該当するからです。

法律要件の具備
①　あなたが、交通事故による損害の発生及びその加害者がＡさんであることを知った
②　あなたが、①から５年以内に損害賠償請求をしなかった
③　Ａさんが、時効の援用をした

具体的な法律効果の発生
あなたのＡさんに対する損害賠償請求権の消滅

4　以上を法的三段論法で説明してみましょう。

大前提	民法724条の２と同法145条の要件を具備すると、損害賠償請求権が時効により消滅するという抽象的な定め
小前提	あなたが、交通事故の発生及び加害者がＡさんであることを知ってから５年以内に損害賠償請求をしなかったところ、Ａさんが時効を援用した。
結　論	あなたのＡさんに対する損害賠償請求権が消滅した。

V　契約に基づく請求権

1　請求権には様々なものがありますが、その大半を占めるのが、契約に基づく請求権です。

例えば、大工さんが注文主に請負代金を請求することができるのは、大工さんと注文主との間で、代金○○万円で家を建てるなどの契約がされ、この契約に基づいて請負代金支払請求権が発生しているからです。

2　一番シンプルな請求権は、売買代金の支払請求権です。この請求権は、売買契約を締結すると直ちに発生します。民法に、その旨の規定があるわけではないのですが、そのように解釈されています。法律の解釈による要件も「法律要件」に含まれます。

法的三段論法を使って説明すると、次のようになります。

大前提（実体法による抽象的な定め）	売買契約の締結（法律要件）により、代金支払請求権が発生する（法律効果）
小前提（法律要件に当てはまる具体的事実の存在＝法律要件の具備）	Xは、Yに、令和○年○月○日、甲建物を100万円で売った。
結　論（具体的な法律効果の発生）	XのYに対する100万円の代金支払請求権が発生

3　以上は、売主に発生した請求権ですが、逆に買主にはどんな請求権が発生するのでしょうか。

(1)　売買契約を締結すると、買主は、売主に対し、買った物（＝目的物）の引渡しを請求することができます。この請求権も、売買契約を締結すると直ちに発生すると解されています。民法にその旨の規定があるわけではないのですが、解釈上、そのように考えられています。

法的三段論法を使って説明すると、次のようになります。

大前提（実体法による抽象的な定め）	売買契約の締結（法律要件）により、目的物の引渡請求権が発生する（法律効果）
小前提（法律要件に当てはまる具体的事実の存在＝法律要件の具備）	Xは、Yから、令和○年○月○日、甲ぬいぐるみを10万円で買った。
結　論（具体的な法律効果の発生）	XのYに対する甲ぬいぐるみの引渡請求権が発生

(2)　売買の目的物が土地又は建物である場合、買主には、目的物の引渡請求権のほかに、目的物の所有権移転登記請求権も発生します。

目的物の名義を売主から買主に移転するために、買主の所有権移転登記をすることの請求権です。民法560条がそのことを定めています。

この請求権も、売買契約が締結されると直ちに発生すると考えられています。

法的三段論法を使って説明すると、次のようになります。

大前提（実体法による抽象的な定め）	土地又は建物の売買契約の締結（法律要件）により、目的物の所有権移転登記請求権が発生する（法律効果）
小前提（法律要件に当てはまる具体的事実の存在＝法律要件の具備）	Xは、Yから、令和○年○月○日、甲土地を100万円で買った。
結　論（具体的な法律効果の発生）	XのYに対する甲土地の所有権移転登記請求権が発生

Ⅵ　所有権に基づく請求権

1　あなたが八百屋でリンゴを買ったとします。それはあなたの所有物であり、あなたにはそのリンゴの所有権があります。

ところが、あなたの友達が、そのリンゴを盗んでしまい、返してくれません。

こういった場合に発生するのが、所有権に基づく返還請求権です。具体的には、あなたには、友達に対する、そのリンゴの引渡請求権が発生します。

2　所有権というのは、所有物を完全に支配することができる権利であり、誰に対しても主張できます。このリンゴは私のものであると、どんな人に向かっても言えるのです。

このように、誰に対しても主張できる権利のことを「物権」といい、他方、特定の相手に対してだけ主張できる権利のことを「債権」といいます。例えば、売買代金支払請求権は、売主が買主に対してだけ代金の支払を請求することができる権利ですから債権に当たるというわけです。

物　権	誰に対しても主張できる権利のこと
債　権	特定の相手に対してだけ主張できる権利のこと

民法は、物権と債権のルールも定めています。民法を眺めてみると、最初に、物権と債権の共通ルールである「総則」規定があり、続いて物権の規定、次に債権の規定があります。ここまでが「財産法」についての規定です。

▶さらに、その後に、親族法、相続法のルールがあります。

民法（財産法）の構造	総則（物権と債権の共通ルール） 物権のルール 債権のルール

3　所有者は、所有物の完全支配者として、所有物を自ら所持することができますから、これを他人が所持していれば、その返還を求めることができます。こういう「所持」のことを、法律用語では「占有」といいますので、今後はそのようにいうことにします。

所有物の返還は、占有者から当該物を引き渡してもらうことで実現します。そこで、所有者には、占有者に対する当該物の引渡請求権が発生します。

大前提（実体法による抽象的な定め）	物を所有者以外の者が占有している（法律要件）と、所有者には、占有者に対する当該物の引渡請求権が発生する（法律効果）
小前提（法律要件に当てはまる具体的事実の存在＝法律要件の具備）	Xの所有するリンゴをYが占有している。
結　論（具体的な法律効果の発生）	XのYに対する当該リンゴの引渡請求権が発生

4　ところで、あなたは、どうやってリンゴの所有権を取得したのですか。八百屋で買ったからですよね。売買により所有権を取得したのです。

このような、所有権を取得する原因のことを「所有権取得原因」といいます。あなたの場合、リンゴの所有権取得原因は売買です。

所有権取得原因	＝	所有権を取得した原因

Ⅶ　訴訟を提起してみよう――契約に基づく請求権

1　訴訟の構造が大まかに理解できたところで、実際に訴訟を提起してみましょう。

あなたは、友達からクマのぬいぐるみを贈与されました（＝贈与契約の締結）。ところが、その友達は、あなたに、そのぬいぐるみを渡してくれません。

あなたは、その友達に対し、贈与契約に基づくぬいぐるみ引渡請求権を有していますから、これに基づいて、友達を被告とする訴訟を提起することにしましょう。

2　最初に、法的三段論法を確認しておきましょう。

贈与契約に基づく目的物の引渡請求権は、贈与契約を締結すれば直ちに発生すると解されています。民法にその旨の規定があるわけではないのですが、解釈上、そのように考えられています。

法的三段論法を使って説明すると、次のようになります。

大前提（実体法による抽象的な定め）	贈与契約の締結（法律要件）により、目的物の引渡請求権が発生する（法律効果）
小前提（法律要件に当てはまる具体的事実の存在＝法律要件の具備）	原告は、被告との間で、令和○年○月○日、被告が原告に甲ぬいぐるみを贈与するとの契約を締結した。
結　論（具体的な法律効果の発生）	原告の被告に対する甲ぬいぐるみの引渡請求権が発生

3 訴訟の勝敗は、訴訟の審理の終結時に「請求権」があるかないかで決まるのが原則です。訴訟とは「請求権」の存否を審理し判断する作業なのです。

ところで、訴訟の審理判断の対象のことを「訴訟物」といいます。ドイツ語を直訳したものであるため、こなれない日本語になっています。

訴訟の審理判断の対象　＝　訴訟物（ドイツ語の直訳）

今回の訴訟でいえば、訴訟の審理判断の対象（＝訴訟物）は、贈与契約に基づいて発生した甲ぬいぐるみの引渡請求権の存否ということになります。

訴訟物	贈与契約に基づく動産引渡請求権

▶甲ぬいぐるみは動産であることから、このように表記します。

4 訴訟の提起は、裁判所に「訴状」を提出してします（民事訴訟法134条１項）。

訴状には、必ず記載しなければならないことがあります。そのうちの一つが「請求の趣旨」です（民事訴訟法134条２項２号）。

「請求の趣旨」とは、「被告は、原告に対し、100万円を支払え。」などと、その訴訟において被告に何を請求するのかを端的に記載するものです。

今回の訴訟では、請求の趣旨は、次のようになります。

請求の趣旨	被告は、原告に対し、甲ぬいぐるみを引き渡せ。

5 また、訴状には「請求を理由づける事実」を記載します（民事訴訟規則53条１項）。ここには、訴訟物である請求権の発生要件に該当する事実、すなわち、法的三段論法の小前提を記載します。

今回の訴訟では、請求を理由づける事実は、次のようになります。

【記載例】　請求の原因

原告は、被告との間で、令和○年○月○日、被告が原告に甲ぬいぐるみを贈与するとの契約を締結した。

請求を理由づける事実は、「請求原因」又は「請求原因事実」ともいい、

訴状では、「請求の原因」とのタイトルを付けます。

6　出来上がった訴状です。

【記載例】　訴状（契約に基づく請求）

訴　　　　　状

令和○年○月○日

○○地方裁判所　御中

〒○○○－○○○○　○○県・・

原　　　告　　　　○　山　○　子　印

〒○○○－○○○○　○○県・・

被　　　告　　　　×　山　×　夫

贈与目的物引渡請求事件

第１　請求の趣旨

１　被告は、原告に対し、甲ぬいぐるみを引き渡せ。

２　訴訟費用は被告の負担とする。

第２　請求の原因

１　原告は、被告との間で、令和○年○月○日、被告が原告に甲ぬいぐるみを贈与するとの契約を締結した。

２　よって、原告は、被告に対し、上記贈与契約に基づき、甲ぬいぐるみの引渡しを求める。

▶請求の趣旨の第２項は、この裁判にかかった費用（訴え提起手数料等）を被告が負担することを求めるものであり、「付随的申立て」と呼ばれるものです。

Ⅷ　訴訟を提起してみよう――所有権に基づく請求権

1(1)　もうひとつ訴訟を提起してみましょう。あなたがAさんから建物を買ったとします。ところが、その建物には、全然知らないBさんが住んでいて（＝占有していて）、「この建物は俺がAから買った」と言い張っているのです。

あなたは、この建物の所有者ですから、Bさんに対し、この建物の返還を求める訴訟を提起することができます。

⑵ ところで、土地や、土地に定着している物（建物、立木等）を併せて「不動産」といいます。不動産以外の物を「動産」といいます。

物の種類	不動産（土地、土地に定着している物） 動産（不動産以外の物）

所有物が不動産である場合、所有物の返還は、占有者から当該物を明け渡してもらうことで実現します。

▶「明渡し」とは、「引渡し」の一種であり、不動産から占有者が退去し不動産内にある動産等をすべて撤去して引き渡すという意味です。

そこで、不動産を、その所有者以外の者が占有している場合、所有者には、占有者に対する当該不動産の明渡請求権が発生します。

法的三段論法を使って説明すると、次のようになります。

大前提（実体法による抽象的な定め）	不動産を所有者以外の者が占有している（法律要件）と、所有者には、当該不動産の明渡請求権が発生する（法律効果）
小前提（法律要件に当てはまる具体的事実の存在＝法律要件の具備）	あなたの所有する甲建物をBが占有している。
結　論（具体的な法律効果の発生）	あなたのBに対する甲建物の明渡請求権が発生

あなたは、Bに対する甲建物の明渡請求権を有しており、これが訴訟の審理の終結時に存在していると裁判所に認めてもらうことが、あなたの究極的な目標です。

訴訟物	所有権に基づく返還請求権としての建物明渡請求権

▶返還請求権の実現方法としての明渡しであることから、このように表記します。

2　あなたは、まず、裁判所に訴状を提出します。訴状の「請求の趣旨」には、被告に何を請求するのかを端的に記載しますが、今回の訴状では、「被告は、原告に対し、別紙物件目録記載の建物（＝甲建物のこと）を明け渡せ。」などと記載します。

【記載例】　請求の趣旨

被告は、原告に対し、別紙物件目録記載の建物を明け渡せ。

また、訴状には、請求原因＝請求を理由づける事実（民事訴訟規則53条1項）を記載します。訴訟物である請求権の発生要件に該当する事実、すなわち、法的三段論法の小前提を記載するということです。

かつてAさんが甲建物を所有していたことには争いがないようですから、それに加え、あなたの所有権取得原因として、あなたがAさんから甲建物を買ったことを記載します。その甲建物を被告が占有していることで、あなたには、被告に対する甲建物の明渡請求権が発生します。

そこで、今回の訴訟の請求原因＝請求を理由づける事実は次のようになります。

【記載例】　請求の原因

1　別紙物件目録記載の建物は、従来はAが所有していた。 2　原告は、令和○年○月○日、Aから、上記建物を買った。 3　被告が、上記建物を占有している。

3　出来上がった訴状です。

【記載例】　訴状（所有権に基づく請求）

訴　　　　　　　　　　状

令和○年○月○日

○○地方裁判所　御中

〒○○○－○○○○　○○県・・

原　　　　告　　　　　　　　　○　山　○　子　印

〒○○○－○○○○　○○県・・

被　　　告　　　　　　×　山　×　夫

建物明渡請求事件

第1　請求の趣旨

1　被告は、原告に対し、別紙物件目録記載の建物を明け渡せ。

2　訴訟費用は被告の負担とする。

第2　請求の原因

1　Aは、別紙物件目録記載の建物をもと所有していた。

2　原告は、令和○年○月○日、Aから、上記建物を買った。

3　被告は、上記建物を占有している。

4　よって、原告は、被告に対し、所有権に基づき、上記建物の明渡しを求める。

（別紙）

物　件　目　録

所　　在	○○県・・
家屋番号	○○番
種　　類	居　宅
構　　造	木造かわらぶき平家建
床 面 積	54.22㎡

第２節　司法試験予備試験の問題を解いてみよう

Ⅰ　平成29年司法試験予備試験の問題を解いてみよう

〔設問〕

弁護士Ｐは、Ｘから次のような相談を受けた。

【Ｘの相談内容】「私は、骨董品を収集することが趣味なのですが、親友からＢという人を紹介してもらい、平成28年５月１日、Ｂ宅に壺（以下「本件壺」という。）を見に行きました。Ｂに会ったところ、Ａから平成27年３月５日に、代金100万円で本件壺を買って、同日引き渡してもらったということで、本件壺を見せてもらったのですが、ちょうど私が欲しかった壺であったことから、是非とも譲ってほしいとＢにお願いしたところ、代金150万円なら譲ってくれるということで、当日、本件壺を代金150万円で購入しました。そして、他の人には売ってほしくなかったので、親友の紹介でもあったことから信用できると思い、当日、代金150万円をＢに支払い、領収書をもらいました。当日は、電車で来ていたので、途中で落としたりしたら大変だと思っていたところ、Ｂが、あなた（Ｘ）のために占有しておきますということでしたので、これを了解し、後日、本件壺を引き取りに行くことにしました。平成28年６月１日、Ｂのところに本件壺を取りに行ったところ、Ｂから、本件壺は、Ａから預かっていただけで、自分のものではない、あなた（Ｘ）から150万円を受け取ったこともない、また、本件壺は、既に、Ｙに引き渡したので、自分のところにはないと言われました。すぐに、Ｙのところに行き、本件壺を引き渡してくれるようにお願いしたのですが、Ｙは、本件壺は、平成28年５月15日にＡから代金150万円で購入したものであり、渡す必要はないと言って渡してくれません。本件壺の所有者は、私ですので、何の権利もないのに本件壺を占有しているＹに本件壺の引渡しを求めたいと考えています。」

弁護士Ｐは、【Ｘの相談内容】を前提に、Ｘの訴訟代理人として、Ｙに対し、本件壺の引渡しを求める訴訟（以下「本件訴訟」という。）を提起することを検討することとした。以上を前提に、以下の各問いに答えなさい。

(1) (省略)

(2) 弁護士Pが、本件訴訟において、選択すると考えられる訴訟物を記載しなさい。

(3) 弁護士Pは、本件訴訟の訴状(以下「本件訴状」という。)において、本件壺の引渡請求を理由づける事実(民事訴訟規則第53条第1項)として、次の各事実を主張した。

ア Aは、〔①〕

イ Aは、平成27年3月5日、Bに対し、本件壺を代金100万円で売った。

ウ 〔②〕

エ 〔③〕

上記①から③までに入る具体的事実を、それぞれ答えなさい。

(4) (省略)

[解説]

1 司法試験予備試験の問題にはいろいろな情報が詰め込まれています。その中から、訴訟物である請求権を見つけ出し、その発生原因が何であるかを確認していくことになります。

2 設問(2)について

Xは、弁護士Pに対し、「本件壺の所有者は、私ですので、何の権利もないのに本件壺を占有しているYに本件壺の引渡しを求めたい」と話していますから、本件壺の所有者として、本件壺を占有しているYに対し、本件壺の引渡しを請求したいようです。そこで、この場合の訴訟物は、「所有権に基づく返還請求権としての動産引渡請求権」となります。

3 設問(3)について

訴状には、請求を理由づける事実(民事訴訟規則53条1項)、すなわち、請求権の発生要件に該当する事実を記載します。

本問では、訴訟物である「所有権に基づく返還請求権としての動産引渡請求権」の発生要件に該当する事実を記載することになります。

この請求権は、ⅰ当該動産の所有者はXであるにもかかわらず、ⅱそれをYが占有していることで発生します。

ⅰでは、Xが当該動産の所有権を取得した原因の記載が必要です。本件壺をもともとAが所有していたことには争いがないようですから、AがそれをBに売り、さらにBがそれをXに売ったことを記載することになります。また、ⅱは、Yが本件壺を占有していることを記載します。

そこで、設問⑶の①は「本件壺を所有していた。」、②は「Bは、平成28年5月1日、Xに対し、本件壺を代金150万円で売った。」、③は、「Yは、本件壺を占有している。」となります。

Ⅱ　平成28年司法試験予備試験の問題を解いてみよう

〔設問〕（ただし一部内容を省略しています）

弁護士Pは、Xから次のような相談を受けた。

【Xの相談内容】「私は、自宅を建築するために、平成27年6月1日、甲土地の所有者であったAから、売買代金1000万円で甲土地を買い受けました。ところが、平成27年8月上旬頃から、Yが私に無断で甲土地全体を占有し始め、現在も占有しています。甲土地の所有者は私ですので、Yに対し、甲土地の明渡しを求めたいと考えています。」

弁護士Pは、【Xの相談内容】を前提に、Xの訴訟代理人として、Yに対し、所有権に基づく返還請求権としての土地明渡請求権を訴訟物として甲土地の明渡しを求める訴訟（以下「本件訴訟」という。）を提起することにした。

以上を前提に、以下の問いに答えなさい。

⑴　（省略）

⑵　弁護士Pが、本件訴訟の訴状（以下「本件訴状」という。）において記載すべき請求の趣旨（民事訴訟法第133条第2項第2号）を記載しなさい。

⑶　弁護士Pは、本件訴状において、甲土地の明渡請求を理由づける事実（民事訴訟規則第53条第1項）として、次の各事実を主張した。

ア　Aは、平成27年6月1日当時、甲土地を所有していた。

イ　〔　〕

ウ 〔 〕

上記イ及びウに入る具体的事実を、それぞれ答えなさい。

[解説]

1 本問は、訴訟物が何であるかが、設問の中で明らかにされています。本問の訴訟物は、所有権に基づく返還請求権としての土地明渡請求権です。

2 設問⑵について

訴状には、「請求の趣旨」を記載しなければなりません（民事訴訟法133条2項2号）。

「請求の趣旨」とは、被告に何を請求するのかを端的に記載するものです。

本問の請求の趣旨は、「被告は、原告に対し、甲土地を明け渡せ。」となります。

3 設問⑶について

訴状の「請求の原因」には、請求を理由づける事実（民事訴訟規則53条1項）、すなわち、請求権の発生要件に該当する事実を記載します。

本問では、訴訟物である「所有権に基づく返還請求権としての土地明渡請求権」の発生要件に該当する事実を記載することになります。

この請求権は、ⅰ当該土地の所有者はXであるにもかかわらず、ⅱそれをYが占有していることで発生します。

そこで、設問⑶では、Xが甲土地の所有者であることを明らかにするため、甲土地は、もともとはAが所有していたが、それをXがAから買ったことを記載します。それに加え、Yが甲土地を占有していることの記載をします。

つまり、イは「Xは、平成27年6月1日、Aから、代金1000万円で甲土地を買った。」、ウは、「Yは、甲土地を占有している。」となります。

Ⅲ　平成26年司法試験予備試験の問題を解いてみよう

〔設問〕（ただし一部内容を省略しています）

弁護士Pは、Xから次のような相談を受けた。

【Xの相談内容】「私の父Yは、その妻である私の母が平成14年に亡くなって以来、Yが所有していた甲土地上の古い建物（以下「旧建物」といいます。）に一人で居住していました。平成15年初め頃、Yが、生活に不自由を来しているので同居してほしいと頼んできたため、私と私の妻子は、甲土地に引っ越してYと同居することにしました。Yは、これを喜び、旧建物を取り壊した上で、甲土地を私に無償で譲ってくれました。Yから甲土地の贈与を受けたのは、私が甲土地上に建物の建築工事を始めた平成15年12月1日のことで、その日、私はYから甲土地の引渡しも受けました。

ところが、甲土地は、Yの名義のままになっていますので、私は、Yに対し、所有権の移転登記を求めたいと考えています。」

弁護士Pは、【Xの相談内容】を受けて甲土地の登記事項証明書を取り寄せたところ、昭和58年12月1日付け売買を原因とするY名義の所有権移転登記（詳細省略）があることが明らかとなった。弁護士Pは、【Xの相談内容】を前提に、Xの訴訟代理人として、Yに対し、贈与契約に基づく所有権移転登記請求権を訴訟物として、所有権移転登記を求める訴えを提起することにした。

以上を前提に、以下の各問いに答えなさい。

(1)　（省略）

(2)　弁護士Pは、その訴状において、「Yは、Xに対し、平成15年12月1日、甲土地を贈与した。」との事実を主張したが、請求を理由づける事実（民事訴訟規則53条1項）は、この事実のみで足りるか。結論とその理由を述べなさい。

［解説］

1　本問は、訴訟物が何であるかが問題の中で明らかにされています。本問の訴訟物は、贈与契約に基づく所有権移転登記請求権です。不動産の贈与を受けた者は、贈与者に対し、当該不動産の所有権移転登記をすることを求めることができるものです。

2　設問⑵について

訴状の「請求の原因」には、請求を理由づける事実（民事訴訟規則53条1項）、すなわち、請求権の発生要件に該当する事実を記載します。

本問では、訴訟物である「贈与契約に基づく所有権移転登記請求権」の発生要件に該当する事実を明らかにします。

贈与契約に基づく所有権移転登記請求権は、贈与契約が締結されれば直ちに発生すると解されています。

そこで、請求を理由づける事実（民事訴訟規則53条1項）は、「Yは、Xに対し、平成15年12月1日、甲土地を贈与した。」との事実のみで足ります。

コラム

請求権の沿革

本章では、民事訴訟が請求権をめぐる戦いであることを学びました。ここでは、日本の民事訴訟がそのような構造になった沿革を見てみましょう。

民事訴訟は、紀元前のローマ時代に既にありました。訴訟を提起して裁判所に救済を求め、国家の強制力を用いて被告の財産を差し押さえることもできました。

予め、訴訟を提起できる場合が定められており、それに合致すれば、その訴訟を起こす権利（＝訴権）が認められ、それによって初めて国家権力による権利保護のルートにのることができました。この訴権のことをラテン語でアクチオといいます（後に「アクション」という言葉になっていきます）。アクチオは、実体上の全ての権利について認められていたのではなく、個別的に、訴訟提起が可能な場合が定められていたのです（＝個別アクチオ）。

さて、ローマ帝国は滅亡し、ローマの裁判制度はいったん歴史から消えますが、中世になり、これが再発見されます。ヨーロッパ諸国は、ローマの裁判制度やローマ法を参考にして民事訴訟の体制を整備するようになりました。

もっとも、その頃には、権利は守られるべきという権利保護の思想が確立されていましたから、個別のアクチオに合致しなければ裁判所の救済が受けられないというローマ法の考え方をそのまま取り入れることはできませんでした。そこで、様々な法理論が提唱されましたが、多くの支持を集めたのがドイツの法学者であるヴィントシャイトさん（Bernhard Windscheid）の考え方です。

ヴィントシャイトさんは、1856年に、「訴権」に代わるものとして、「請求権」という実体上の概念を発明しました。そして、全て実体上の権利について、その権利を保護すべき場面になると「請求権」というものが発生し、この請求権に基づいて訴訟を提起することができると考えたのです。

これを「所有権」で説明してみましょう。所有権自体に基づいて物の引渡しを請求する訴訟を提起することはできません。しかし、当該物の占有が奪われると、所有権を保護すべき場面になったことから、所有権から「返還請求権」というものが発生し、これに基づいて訴訟を提起することができるようになると考えたのです。

この考え方が広く支持され、1900年に施行されたドイツ民法にもこれが採用されます。これが最先端の民法と評価され、日本民法も、この考え方を取り入れました（奥田・請求権生成展開150頁）。

このように、ヴィントシャイトさんによって、アクチオは一般化され、全ての権利が「訴権改め請求権」の源になり得ることとなり、それは実体法によって規律されることになりました。

また、ローマ法の時代は、民事訴訟に係る法の中には、訴訟手続に係る規定と、アクチオの発生要件等を定めた実体的な規定が混在していましたが、ヴィントシャイトさんによって、これらが完全に分離されました。実体的な規定は全て民法その他の実体法に移行し、訴訟手続に係る規定だけから成る手続法（＝民事訴訟法）が新たに誕生したのです。

第2章

初級者段階

第1節　手続法も踏まえて訴訟を見てみよう

I　訴訟手続を学ぶ

1　概　要

第１章では、訴訟の勝敗が、原則として、請求権の存否によって決まることを学びました。請求権の発生や消滅のルールについては実体法が定めていますから、第１章は、実体法的な観点から訴訟を見てきたものということができます。

第２章では、手続法的な観点から訴訟を見ていきたいと思います。訴訟においては、訴訟当事者（＝原告、被告などのこと）がしなければならない行為（＝訴訟行為）があります。必要な訴訟行為をしなければ、それだけで訴訟に負けることもあります。訴訟手続について定めているのは民事訴訟法です。

訴訟手続を定めた法律	民事訴訟法

2　訴訟の大まかな流れ

まずは、訴訟の大まかな流れを確認しておきましょう。

ア　訴状・答弁書の提出

訴訟は、原告が訴状を裁判所に提出することによって始まります（民事訴訟法134条１項）。裁判所は、その訴状を被告に送ります（＝訴状の送達）（民事訴訟法138条１項）。

訴状が送達された被告は、「答弁書」を裁判所に提出します。

▶訴状（又は答弁書）と共に、証拠となる文書が提出されることもあります。

イ　第１回口頭弁論期日

答弁書提出から１か月ほどすると、公開の法廷で、「第１回口頭弁論期日」が開かれます。

法廷に出頭した原告（又はその代理人）と被告（又はその代理人）が、口頭による弁論をするのです（＝口頭弁論）。

といっても、原告は「訴状を陳述します。」、被告は「答弁書を陳述します。」などと述べるだけです。こう述べさえすれば、訴状や答弁書の内容の全てを、口頭で弁論したことになるのです。

また、当事者が、証拠として、契約書、領収証などの文書を提出していれば、その取調べも行われます。

ウ　第２回口頭弁論期日以降

⑴　原告は、答弁書に対する反論を記載した「準備書面」を作成し、被告は、その準備書面に対する再反論を記載した「準備書面」を作成し、それぞれ、裁判所に提出し、相手方にも送った（＝直送）上で、第２回口頭弁論期日を迎えました。

同期日においては、原告被告それぞれが「準備書面」を「陳述」し、また、新たな文書の取調べも行われました。

⑵　口頭弁論期日はいったんお休みにして、その間に、弁論準備手続期日（民事訴訟法169条１項）という別の期日が開かれることもあります。非公開の「準備室」等で、準備書面の陳述や文書の取調べなどの手続が行われる期日です。

エ　人証調べ

第３回口頭弁論期日、第４回口頭弁論期日……と期日を重ね、準備書面の陳述や文書の取調べが行われてきましたが、それが終わると、いよいよ「人証調べ」です。証人を呼んで証人尋問をします（民事訴訟法190条）。また、原告や被告が尋問されること（＝当事者尋問）もあります（民事訴訟法207条１項）。

オ　弁論の終結

審理が全て終わると、裁判所は、最終の口頭弁論期日において、「弁論の終結」を宣言します。いわゆる口頭弁論終結日であり、訴訟物である請求権の存否の基準時となります。

カ　判決の言渡し

それから１か月程度後に開かれる判決の言渡期日において、判決の言渡しがされます。

キ　控訴・判決の確定・強制執行

⑴　敗訴した当事者は、控訴をすることができます（民事訴訟法281条１項）。

⑵　敗訴当事者が控訴をしなければ、判決が「確定」します。勝訴した原告は、その判決により、敗訴当事者の財産を差し押さえるなどの強制執行をすることができるようになります（民事執行法22条１号）。

3　訴訟における現在・過去・将来

⑴　訴訟においては、口頭弁論終結日が「現在」とされます。口頭弁論終結日より前は「過去」、口頭弁論終結日より後は「将来」です。

口頭弁論終結日

過去　←　＝　現在　→　将来

⑵　通常の訴訟では、「現在」、すなわち、口頭弁論終結日を基準日として、その日に訴訟物たる請求権があると認められれば原告の勝訴、認められなければ被告の勝訴となるのが原則です。こういう請求を「現在請求」といいます。

⑶　これに対し、「将来請求」というものもあります。現在は存在していないが将来に存在することが確実な請求権等を訴訟物にする訴訟です。予めこの請求をする必要があるときに限り認められます（民事訴訟法135条）。

Ⅱ　原告から見た訴訟の全体像

1　概　要

本章では手続法的な観点から訴訟を見ています。ここでは、原告側から、訴訟の全体を見てみましょう。

2　原告がしなければならない訴訟行為

ア　訴訟物の特定・訴訟形態等の選択

⑴　原告は、訴訟を提起する際に、いかなる請求権を訴訟物とするかを特定しなければなりません。

例えば、訴訟物を「原告の被告に対する所有権に基づく返還請求権としての甲土地の明渡請求権」と特定するなどです。

訴訟物の特定は、訴状において、「狭義の請求原因」及び「よって書き」によって行います。本節Ⅳ２で詳しく説明します。

⑵　次に、原告は、訴訟形態を選択しなければなりません。

例えば、訴訟物が売買契約に基づく売買代金支払請求権であれば、次の二つの訴訟形態から選ぶことができます。

通常選択されるのは、売買代金の支払を求める訴訟であり、これを「給付訴訟」といいます。

▶給付訴訟とは、給付（＝金銭の支払や物の引渡し等）を求める訴訟のことです。

例外的に選択されることがあるのは、「原告が被告に対し売買代金支払請求権を有していること」の確認を求める請求であり、これを「確認訴訟」といいます。

⑶　原告が、訴訟形態として給付訴訟を選択した場合、次に、請求の範囲を選択します。

被告に対し、売買代金100万円全額の支払を請求するのか、それとも、とりあえずその半分である50万円の支払を請求するかなどです。

⑷　以上の選択をした原告は、訴状の「請求の趣旨」に、「被告は、原告に対し、100万円を支払え。」などと記載します。

この訴状が裁判所に提出されることで、訴訟物の特定、訴訟形態等の選択がなされたことになります。

イ　事実の主張

次に、原告は、訴訟物である請求権の発生要件に該当する具体的事実（＝請求原因事実）を、口頭弁論期日等の期日において「主張」する必要があります。

訴状に請求原因事実が記載されているのが通常ですから、原告は、第１回口頭弁論期日において、その訴状を「陳述」することにより、請求原因事実の「主張」をします。

「主張」は、その内容が重要であることはもちろんですが、「主張する」という行為自体にも法的な意味が与えられています。本節Ⅴで詳しく説明します。

ウ　事実の立証

最後に、原告は、証拠によって、請求原因事実の存在を「立証」（＝証明）

します。売買契約が締結されたことを立証するために売買契約書を証拠として提出するなどです。もっとも、本節Ⅵで述べますが、被告がその存在を認めた事実については、立証の必要がありません。

原告がする訴訟行為	訴訟物の特定・訴訟形態等の選択 請求原因事実の主張 請求原因事実の立証

3 裁判所による認定判断

(1) 証拠によって請求原因事実の存在が認められれば、法的三段論法の「小前提」を充足しますから、裁判所は、法的三段論法の「結論」として、訴訟物たる請求権が発生したと判断することができます。

そして、その後の消滅が認められない限り、口頭弁論終結時における当該請求権の存在も認められますから、原告は勝訴します。この場合、裁判所は、原告の請求を「認容」する判決をします。判決の主文は「被告は、原告に対し、100万円を支払え。」などというものになります。

(2) 逆に、証拠によっても請求原因事実の存在が認められなければ、訴訟物たる請求権の発生が認められませんから、原告は敗訴します。

裁判所は、原告の請求を「棄却」する判決をします。判決の主文は「原告の請求を棄却する。」となります。

(3) 訴訟物たる請求権の発生が認められても、被告から「抗弁」が提出されていれば、その判断が必要となりますから、直ちに請求認容判決とはいきません。抗弁の審理に進みます。抗弁については本節Ⅲで説明します。

請求原因事実認定＋抗弁提出なし＝請求の認容

請求原因事実不認定＝請求の棄却

請求原因事実認定＋抗弁提出あり＝抗弁の審理に進む

Ⅲ　被告から見た訴訟の全体像

1　概　要

⑴　訴訟の全体を、被告側からも見てみましょう。

なお、例えば、訴訟物が売買代金支払請求権である場合、それは、被告から見れば「売買代金支払債務」になります。売買代金支払請求権は、特定の相手方だけに主張できる権利、すなわち「債権」ですが、債権を、その相手方から見た場合を「債務」といいます。

債権　←　互いに裏返し　→　債務

⑵　被告とすれば、ある日突然、裁判所から訴状が届くわけです。その訴状には、「請求の趣旨」と「請求原因」が記載されています。

被告は、これに対し、「答弁書」という書面を提出して戦うことになります。

2　請求の趣旨に対する答弁

⑴　「答弁書」では、まず、訴状の「請求の趣旨」に応答する必要があります。「請求の趣旨に対する答弁」です。

訴状の「請求の趣旨」には「被告は、原告に対し、100万円を支払え。」などと記載されています。

これに対する答弁は、３種類あります。

請求の趣旨に対する答弁の種類	原告の請求を認諾する。 本件訴えを却下する。 原告の請求を棄却する。

⑵　「原告の請求を認諾する。」とは、被告が、原告の請求を全面的に承認することであり、「請求の認諾」といいます。口頭弁論期日において、請求の認諾がされる（＝「原告の請求を認諾する。」と記載された答弁書（又は準備書面）が陳述される、又は、口頭で、請求を認諾するとの陳述がされる）と、それが「口頭弁論期日調書」に記載され、訴訟は直ちに終了します。この調書の記載は、

原告勝訴判決と同一の効力を有する（民事訴訟法267条）ため、原告が勝訴したのと同じ結果になります。

(3) 「本件訴えを却下する。」とは、原告の訴えは不適法であるから却下することを裁判所に求めるものです。

▶訴えの却下とは、訴訟手続上の違法を理由に、原告の訴えを排斥するものであり、例えば、原告のなりすましが訴訟を提起した場合です。

(4) 「原告の請求を棄却する。」とは、原告の請求を棄却するよう裁判所に求めるものです。通常はこの答弁がされます。

▶請求の棄却とは、訴訟物である請求権の存在が認められないことを理由に、原告の請求を排斥するものです。

3 請求原因に対する認否

(1) 次に、被告は、訴状の「請求原因」に応答します。これが「請求原因に対する認否」です。

例えば、訴訟物が売買代金支払請求権である場合、訴状の「請求原因」には、「原告は、被告に対し、令和○年○月○日、別紙物件目録記載の建物を1000万円で売った。」などの事実の記載がされています。

被告は、この事実を認めるか否かを明らかにします。認否は3種類あります。

認否の種類	認める。 否認する。 不知（知らない）。

(2) このうち、安易にしてはならないのが「認める」です。

被告が「認める」の認否をしてしまうと、当該訴訟において、その請求原因事実は存在したものと「確定」してしまうからです。「裁判上の自白」と呼ばれています（民事訴訟法179条）。しかも、一度してしまった「認める」の認否は、簡単には撤回できませんから、よほど慎重に行う必要があります。

▶なお、認否をしなかった場合に、その事実を認めたとみなされることもあります。いわゆる「擬制自白」です（民事訴訟法159条1項）。

⑶　被告が「認める」以外の認否をすれば、その事実の存在は確定しません。原告は、その事実の存在を証拠によって立証（＝証明）しなければならないことになります。そのため、被告は、とりあえず「知らない」との認否をすることもあります。

⑷　なお、認否が不要な場合があります。顕著な事実の場合です（民事訴訟法179条）。

「公知の事実」（＝誰でも知っている事実。例えば東京オリンピックが開かれたという事実）は、その存在が明らかですから、認否をする必要がありません。

また「裁判官が職務上知り得た事実」、例えば、当該訴訟において原告が訴状を提出したという事実も、裁判所には、その存在が明らかですから、当事者が認否をする必要がありません。

公知の事実と裁判官が職務上知り得た事実を併せて「顕著な事実」といいます。

顕著な事実の種類	公知の事実 裁判官が職務上知り得た事実

4　抗弁の提出

⑴　請求権の消滅要件等に該当する事実があれば、被告は、それを「抗弁」として提出することができます。

例えば、売買代金支払請求権は、買主が当該代金債務の支払（＝弁済）をすれば、役割を果たして消滅します（民法473条）。

大前提（民法473条による抽象的な定め）	債務の弁済をする（法律要件）と、当該請求権が消滅する（法律効果）。
小前提（法律要件に当てはまる具体的事実の存在＝法律要件の具備）	被告は、原告に対し、令和○年○月○日、当該売買代金債務の履行として100万円を弁済した。
結　論（具体的な法律効果の発生）	当該売買代金支払請求権の消滅

⑵　請求権の消滅に係る抗弁を「消滅の抗弁」といいます。抗弁にはそれ以外のものもあり、本章第2節で詳しく取り扱います。

なお、抗弁は必ず提出されるとは限りません。請求原因だけの勝負の訴訟もたくさんあります。

⑶　被告は、請求原因事実を否認した上で抗弁を提出することもできます。第1次的には請求権の発生自体を争うが、万が一、裁判所によってそれが認められてしまった場合には、第2次的に、その請求権が消滅したことを主張するなどです。

5　抗弁が提出された場合に必要な訴訟行為

⑴　被告は、消滅の抗弁を提出する場合、請求権の消滅要件に該当する具体的事実（＝抗弁事実）を「主張」する必要があります。

この「主張」は、答弁書又は準備書面に記載し、口頭弁論期日等の期日において、それを「陳述」する方法によるのが通常ですが、そうではなく、期日において口頭で「主張」することもできます。

⑵　これに対し、原告は、準備書面において「抗弁に対する認否」をします。認否の方法や内容は、「請求原因に対する認否」と同様です。

⑶　抗弁事実として主張したもののうち原告が認めなかったものについては、被告が、証拠によって、その存在を立証する必要があります。

抗弁を提出した被告がする訴訟行為	抗弁事実の主張 抗弁事実の立証

6　再抗弁以下の攻撃防御方法の提出

抗弁に対する原告の対抗手段は「再抗弁」です。これに対する被告の対抗手段は「再々抗弁」です。さらに、「再々々抗弁」、「再々々々抗弁」……と続くこともあります。これらについては本章第2節Ⅰで詳しく説明します。

7　裁判所による認定判断

請求原因事実の存在が認められ、かつ、抗弁が提出されているときは、抗弁事実の存否の審理に入ります。以下「消滅の抗弁」を例にして説明します。

⑴　証拠によって抗弁事実の存在が認められれば、法的三段論法の「小前提」を充足しますから、裁判所は、法的三段論法の「結論」として、「請求権の消滅」という法律効果が発生したと判断することができます。原告の敗訴です。

⑵　逆に、証拠によっても抗弁事実の存在が認められなければ、「請求権の消滅」という法律効果の発生が認められませんから、被告が敗訴します。

⑶　抗弁事実の存在が認められても、原告から「再抗弁」が提出されていれば、その判断が必要となりますから、直ちに請求棄却判決とはいきません。再抗弁の審理に進みます。

請求原因事実認定＋抗弁事実認定＋再抗弁なし＝請求棄却

請求原因事実認定＋抗弁事実不認定＝請求認容

請求原因事実認定＋抗弁事実認定＋再抗弁あり＝再抗弁の審理に進む

【記載例】　答弁書

令和３年(ワ)第45号　売買代金支払請求事件

原告　○　○　○　○

被告　○　○　○　○

答　弁　書

令和○年○月○日

○○地方裁判所　御中

〒000-0000　○○県・・

被　　　　告　○　○　○　○　印

第1　請求の趣旨に対する答弁
　1　原告の請求を棄却する。
　2　訴訟費用は原告の負担とする。

第2　請求の原因に対する認否
　1　請求原因1は認める。
　2　請求原因2は否認する。

第3　抗　弁
　1　弁　済
　被告は、原告に対し、令和2年3月10日、本件売買代金債務の弁済として、○○○円を支払った。
　2　相　殺
⑴　被告は、原告に対し、令和2年4月1日、100万円を貸し付けた。
⑵　被告は、上記貸金債権をもって、本訴請求債権と対当額で相殺する。

第4　結　論
　上記のとおりであるから、原告の請求は理由がない。

Ⅳ　訴訟行為の三段階その1――請求段階

1　概　要

⑴　訴訟の当事者がしなければならない訴訟行為について、原告側、被告側に分けて見てきましたが、今度は、原告と被告を併せて、訴訟の段階ごとに見ていきたいと思います。訴訟行為には次の三段階があります。

訴訟行為の三段階	請求段階 事実の主張段階 事実の立証段階

　ここでは、最初の請求段階を見てみましょう。

⑵　原告は、訴訟を提起する際に、訴訟物を特定した上で、訴訟形態及び請求の範囲を選択し、これらを訴状の「請求の趣旨」及び「請求の原因」で

明らかにします。

他方、被告は、答弁書において「請求の趣旨に対する答弁」をします。3種類の答弁がありました。

ここまでが、請求段階です。

2　訴訟物の特定

⑴　いかなる請求権に基づいて訴訟を起こすのか、訴訟を提起する原告は、それを自由に決めることができ、裁判所はそれに拘束されます（民事訴訟法246条）。

そのため、原告は、自分が決めた訴訟物が何であるかを明らかにしなければなりません。これを「訴訟物の特定」といいます。

⑵　例えば、原告が、被告に対して売買代金の支払を請求する場合、訴訟物は「売買契約に基づく代金支払請求権」ですが、原告被告間で締結された売買契約が一つとは限りませんから、「原告と被告との間で令和○年○月○日に締結された甲建物の売買契約に基づく売買代金支払請求権」とまで特定しなければなりません。

⑶　そのため、訴状には、訴訟物を特定するための事実である「請求の原因」を記載しなければならない（民事訴訟法133条2項2号）とされています。

上記の例であれば、原告被告間で令和○年○月○日に甲建物を目的とする売買契約が締結されたことを訴状に記載しなければなりません。

この「請求の原因」は、狭義の請求原因と呼ばれるものであり、本書でこれまで説明してきた請求原因（＝請求を理由づける事実＝請求権の発生要件に該当する事実。これは広義の請求原因と呼ばれます）とは異なるものです。

⑷　訴状に記載しなければならないのは、狭義の請求原因の方であり、この記載がない訴状は、補正がされなければ、不適法なものとして却下されます（民事訴訟法137条2項）。

他方、広義の請求原因は、訴状に記載がなくとも、そのことにより訴状が不適法になるわけではありません。

しかし、民事訴訟規則53条1項は、訴状に広義の請求原因を記載することも求めています（同項の「請求を理由づける事実」）。どうせいずれは明らかにしなければならないことですから、最初からそれを明らかにしておいた方が、訴訟が早く終わるからです。

そして、訴状に広義の請求原因を記載すれば、通常は、その中に、訴訟物を特定するための事実も含まれます。そのため、実務では、訴状には、「広義の請求原因」のみを記載し、それとは別に「狭義の請求原因」を記載したりはしません。後者は前者の中に含まれているという理解なのです。

(5)　ところが、このような実務では、訴訟物を特定するために記載される「狭義の請求原因」が、広義の請求原因の中に埋没してしまっているため、訴訟物が何であるのかが不明確になってしまっています。

そこで、実務では、訴状の「請求の原因」の最後の部分に「よって書き」（「よって、……」というまとめの記載）を付加することとし、その中で、訴訟物が何であるのかを明らかにすることにしました。

例えば、訴訟物が売買代金支払請求権であれば、訴状の「請求の原因」の記載は次のようになります。この例では、訴訟物が、「原告と被告との間で令和○年○月○日に締結された甲建物の売買契約に基づく売買代金支払請求権」であることが、「よって書き」の「上記売買契約に基づき、売買代金」との記載によって明らかになっています。

【記載例】　請求の原因

第2　請求の原因
1　原告と被告は、令和○年○月○日、原告が被告に甲建物を100万円で売るとの合意をした。
2　よって、原告は、被告に対し、上記売買契約に基づき、売買代金100万円の支払を求める。

(6)　なお、本書では、広義の請求原因のことは単に「請求原因」と表記し、狭義の請求原因のことは「狭義の請求原因」と表記することにします。

3　訴訟形態の選択

ア　概　要

例えば、訴訟物が売買契約に基づく代金支払請求権である場合、選択できる訴訟形態は、確認訴訟と給付訴訟です。

イ　確認訴訟

⑴　例えば、売主が、買主を被告として、売買契約に基づく代金支払請求権の存在の確認を求める訴訟です。

訴訟物	売買契約に基づく代金支払請求権

通常は、このような訴訟をわざわざ起こす「利益」がありません。端的に給付訴訟（下記ウ）を提起すれば足りるからです。そこで、請求権の確認訴訟は、「訴えの利益」がないとして訴訟提起自体が認められない（＝不適法な訴えとして却下される）のが通常です。

しかし、給付訴訟をずっとしないままでいると、その訴訟物たる請求権が時効消滅してしまうような場合は、当該請求権の確認訴訟が認められます。確認訴訟をすれば消滅時効の進行をストップさせることができる（民法147条１項１号）ため、確認訴訟を提起する「利益」があるからです。

⑵　なお、確認訴訟の対象は請求権に限られず、広く権利又は法律関係を対象とすることができます。例えば「所有権」自体の存在の確認を求めることもできます。訴訟物が「請求権」に限られないということです。

⑶　確認訴訟では、権利又は法律関係の「不存在」の確認を求めることもできます。その典型例は、債務の不存在確認の訴えです。

ウ　給付訴訟

⑴　被告に対し、給付（＝金員の支払、物の引渡し等）を請求する訴訟であり、現実の訴訟のほとんどがこれです。例えば、売買代金の支払請求訴訟です。

⑵　給付訴訟の訴訟物は請求権に限られます。というより、もともと、「請求権」とは、給付訴訟を提起することができる実体上の権利を意味するものとして新たに作られた概念です（第１章の章末コラム参照）。

⑶ 請求権の確認訴訟は、請求権を訴訟物として、その請求権の存在の確認を求めるだけのものであるのに対し、給付訴訟は、請求権を訴訟物とした上で、その請求権に基づいて訴訟を提起すること自体によって、給付の請求という積極的行為をするものです。

ところが、この「給付の請求」という積極的行為をすることが許されない事由があることがあります。そして、そういう事由があることが、歴史的に、特殊な「抗弁」として扱われてきました。阻止の抗弁と呼ばれるものであり、本章第2節Ⅵで取り上げます。

4 請求の範囲の選択

給付訴訟を提起する場合、原告は、訴訟物たる請求権の全額を請求するのか、その一部のみを請求するかの選択ができます。例えば、100万円の委任事務処理費用請求権の一部である50万円の支払を求めて訴訟を提起することもできます。これを一部請求といいます。どの範囲で請求をするのかも、原告が自由に決めることができます。

この場合の請求の趣旨は次のようになります。

【記載例】 請求の趣旨

被告は、原告に対し、50万円を支払え。

5 請求の趣旨と判決主文

⑴ 原告が全部勝訴すると、請求の趣旨のとおりの判決がされます。例えば、100万円の売買代金の全部の支払を請求する訴訟では、請求の趣旨が「被告は、原告に対し、100万円を支払え。」となりますが、当該代金支払請求権の存在が認められて原告が全部勝訴すると、次のような主文の判決が言い渡されます。

【記載例】 判決（主文）

1	被告は、原告に対し、100万円を支払え。
2	訴訟費用は被告の負担とする。
3	この判決は、仮に執行することができる。

▶２項は、その訴訟に要した費用（訴え提起手数料など）を被告に負担させるためのものです。
▶３項は、仮執行宣言と呼ばれるものであり、第３章第１節Ⅴ６で学びます。

⑵　原告は、確定した勝訴判決を用いて、被告の財産を差し押さえるなどの強制執行ができます。

強制執行の手続をするのは、別の裁判所（＝執行裁判所）です。迅速に強制執行を行うためには、執行裁判所が機械的な判断ができるようにしておく必要があります。例えば「被告は、原告に対し、売買代金100万円を支払え。」という主文の判決をしてしまうと、「売買代金」という記載があるがために、この記載が正しいのかどうかを執行裁判所が確認しなければならなくなります。売買契約書を出してもらってその確認をし始めるのでは、裁判を一からやり直すようなものであり、機械的な判断ができなくなります。そのため主文や請求の趣旨は、求める給付の内容だけをシンプルに記載することになっているのです。

6　請求の複数

ア　概　要

本書は、これまで、一つの訴訟に一つの訴訟物がある例ばかり扱ってきましたが、実は、一つの訴訟に複数の訴訟物がある場合もあります。

例えば、原告は、被告に対し、一つの訴訟で、売買代金100万円の支払請求と貸金50万円の返還請求を一度にすることもできます。

この場合の請求の趣旨は次のようになります。

【記載例】　請求の趣旨

被告は、原告に対し、150万円を支払え。

イ　附帯請求

実は、多くの訴訟において、本来の請求のほかに、附帯請求というものがされ、訴訟物が二つになっています。

例えば、贈与金支払請求訴訟においては、その贈与金の支払が遅れていることによって発生する「遅延損害金」の請求が併せてされるのが通常です。この場合、贈与金支払請求権と遅延損害金請求権という二つの訴訟物があることになります。詳細は、第３章第１節Ｖで説明します。

Ⅴ　訴訟行為の三段階その２――主要事実の主張段階

1　概　要

(1)　訴訟行為の三段階のうち、第二段階の「主張段階」では、事実の「主張」という訴訟行為がされます。

例えば、原告は、訴状に請求原因事実（＝請求権の発生要件に該当する具体的事実）を記載し、その訴状を口頭弁論期日で「陳述」することで、その事実を「主張」するのが通常です。

被告も、抗弁を提出するのであれば、答弁書又は準備書面に抗弁事実（請求権の消滅要件等に該当する具体的事実）を記載し、その答弁書等を口頭弁論期日等の期日で「陳述」することで、その事実を「主張」するのが通常です。

再抗弁、再々抗弁……でも同様です。

(2)　請求原因、抗弁、再抗弁……のことを、まとめて「攻撃防御方法」といいます。また、請求原因事実、抗弁事実、再抗弁事実……などの、各攻撃防御方法の構成要件に該当する事実のことを、まとめて「主要事実」といいます。主張段階にいう「主張」とは、「主要事実」の主張のことをいうのです。

攻撃防御方法	請求原因、抗弁、再抗弁……の総称

主要事実	請求原因事実、抗弁事実、再抗弁事実……の総称

主張段階にいう「主張」	主要事実を主張すること

2　弁論主義の第１テーゼ

(1)　訴訟手続において、「主張」という訴訟行為は、特別の意味を持っています。

例えば、売買代金支払請求訴訟では、訴訟物である売買代金支払請求権の発生要件に該当する具体的事実（例えば、「原告と被告が令和○年○月○日に甲ぬいぐるみの売買契約を締結したこと」）が請求原因事実となります。

裁判所は、この具体的事実の存在が認められるかを審理し、認められれば、売買代金支払請求権が発生したと判断します。

ところが、その際、裁判所には、一つの縛りがあります。たとえ、証拠として提出されている売買契約書等により、「原告と被告が令和○年○月○日に甲ぬいぐるみの売買契約を締結したこと」が認められたとしても、原告が、この事実を「主張」していなければ、裁判所は、この事実を認めることができないのです。

もっとも、原告が主張していなくても、被告が主張していれば足ります。したがって、正確にいうと、いずれの当事者も主張していない請求原因事実は、裁判所がその存在を認めることができないということになります。

⑵　被告の「抗弁」も同じです。

例えば、売買代金の支払（＝弁済）により売買代金支払請求権が消滅する「弁済の抗弁」の場合、たとえ、証拠として提出されている領収証等により、売買代金の支払の事実が認められたとしても、この事実を被告も原告も「主張」していなければ、裁判所は、この事実を認めることができません。

以上のことは、再抗弁、再々抗弁……でも同様です。

⑶　このように、主要事実については、当事者が主張しない限り、裁判所は、その存在を認めることができません。これを「弁論主義の第１テーゼ」といいます。

弁論主義の第１テーゼ	主要事実は、当事者が主張しない限り、裁判所が、その存在を認めることができない。

３　主張責任

⑴　このように主張段階では、主要事実の「主張」という訴訟行為自体に、訴訟の勝敗を左右する、とても重要な役割があります。

されるべき「主要事実の主張」がされなければ、裁判所はその主要事実の存在を認めることができず、そのことによって、いずれかの訴訟当事者が不利益を受けます。この不利益のことを「主張責任」といいます。

▶ここでいう「責任」はドイツ語の直訳であり、「責任がある」という意味ではありません。

原告が不利益を受ける場合を「原告が主張責任を負う」といい、被告が不利益を受ける場合を「被告が主張責任を負う」といいます。

この「主張責任」という言葉もドイツ語を直訳しているため、日本語としてこなれているとはいえず、しばらくは、その語感が掴みにくいと思いますから、今すぐに理解できなくても心配は要りません。「訴訟物」もそうだったと思いますが、繰り返し使っているうちに、言葉に慣れてくるはずです。

⑵　どちらの当事者が「主張責任を負う」かは、法律要件ごとに予め決まっています。

例えば、売買代金支払請求訴訟において、売買代金支払請求権の発生要件である「売買契約の締結」は、原告が主張責任を負います。この要件に該当する主要事実の主張がされなければ、裁判所がその事実を認めることができませんが、それによって不利益を受けるのは、請求権の発生が認められない原告だからです。

また、この訴訟において、売買代金支払請求権の消滅要件である「売買代金の弁済」は、被告が主張責任を負います。この法律要件に該当する主要事実の主張がされなければ、裁判所がその事実を認めることができませんが、それによって不利益を受けるのは、請求権の消滅が認められない被告だからです。

要するに、請求権の発生要件は原告が主張責任を負い、請求権の消滅要件は被告が主張責任を負うということです。

4　主要事実と間接事実

⑴　主要事実とは、請求原因事実、抗弁事実、再抗弁事実……の総称です。より一般的にいえば、主要事実とは、法律効果の発生、消滅等をもたらす法律要件に該当する具体的事実のことです。

⑵　これに対し、間接事実とは、主要事実の存在を経験上推認させる事実をいいます。例えば、「Aさんの家にあった現金100万円がなくなった」「その3日後にBさんが娘さんに100万円をあげた」という間接事実から、「AさんがBさんに100万円を弁済した」という主要事実を推認するなどです。

間接事実は、主要事実の存在を立証するためのものであり、立証段階における概念ということができます。

Ⅵ　訴訟行為の三段階その3――主要事実の立証段階

1　概　要

⑴　主要事実の立証段階では、原告は、請求権の発生要件に該当する具体的事実（＝請求原因事実）の存在を、被告が認めたものを除き、証拠等により立証します。

契約を締結したことを立証するために契約書を提出するなど、文書による立証がされるのが通常ですが、口約束しかしなかったなどで、文書による立証ができないときは、人証（証人尋問、当事者尋問）によって立証することもあります。

また、主要事実を直接立証するのではなく、主要事実の存在を推認させる事実（＝間接事実）を立証することもあります。

⑵　被告も同様に、抗弁事実の存在を、原告が認めたものを除き、証拠等により立証します。

例えば、売買代金を支払ったことを、領収証の提出や、被告本人尋問の実施によって立証するなどです。

⑶　再抗弁以下の攻撃防御方法についても同様です。

2　法的三段論法の完成

主要事実の立証段階は、法的三段論法の完成段階ということができます。

法的三段論法の「結論」に行きつくためには、まずは、「大前提」として、その結論を導くための抽象的なルール（法律要件及び法律効果を抽象的に定めた実体法の規定）がなければなりません。

次に、「小前提」の第一段階として、当該法律要件に該当する具体的事実の「主張」がされなければなりません。これは主張責任によるものです。

そして、「小前提」の第二段階として、その具体的事実の存在が証拠等により認められれば、法律効果が具体的に発生するという「結論」にたどりつくというわけです。

3 立証責任

⑴ 主張責任と同じようなものとして、立証責任があります。しかし、その意義については、現在に至っても決着がついていない大問題になっており、日本の民事訴訟法学者の間でも見解が分かれています。本書でも、その全体像が見えるのは第5章第1節Ⅲになってからです。

主張責任とは、主要事実の主張がされないため、その主要事実を裁判所が認めることができないことによって、いずれかの当事者が受ける不利益のことをいいました。

立証責任についても、初級者段階では、主張責任と同じようなものだと考えておいてください。すなわち、立証責任とは、主要事実の存在が十分に立証されないため、その主要事実の存在を裁判所が認めることができないことによって、いずれかの当事者が受ける不利益のことをいいます。

⑵ 請求権の発生要件は原告が立証責任を負います。この要件に該当する事実の存在が認められなければ、請求権の発生が認められませんから、これによる不利益を受けるのは原告です。

逆に、請求権の消滅要件は被告が立証責任を負います。この要件に該当する事実の存在が認められなければ、請求権の消滅が認められず、それにより不利益を受けるのは被告だからです。

⑶ 主張責任と立証責任はセットにされることもあります。請求権の発生要件については原告が「主張立証責任を負う」、請求権の消滅要件については被告が「主張立証責任を負う」などと表現されます。

第2節　給付訴訟における攻撃防御方法

I　給付訴訟における攻撃防御方法

1　概　要

原告は､請求を理由づけるために｢請求原因事実｣の主張及び立証をします。

これに対し、被告は、「抗弁」を提出した場合には「抗弁事実」の主張及び立証をします。これに対し、原告は「再抗弁」を提出した場合には「再抗弁事実」の主張及び立証をします。再々抗弁以下でも同様です。

訴訟とは､請求原因､抗弁､再抗弁……の攻撃防御を繰り返す手続なのです。

第2節では、給付訴訟における攻撃防御方法についてまとめてみたいと思います。

2　請求原因

(1)　請求原因（Kg = klagegrund）とは、請求を理由づける事実（民事訴訟規則53条1項）のことをいいます。

給付訴訟とは、請求権に基づいて、被告に給付を請求する訴訟のことですから、請求を理由づける事実とは、請求権の発生要件に該当する事実であるのが原則です。

(2)　請求権の発生要件の主張立証責任は原告が負います。これが主張立証されなければ､請求権の発生が認められず､原告が不利益を受けるからです。

3　抗　弁

(1)　抗弁（E = Einrede）とは、請求原因により発生した法律効果を覆滅等させるために提出される攻撃防御方法です。

これまでは、請求原因により発生した請求権の消滅をもたらす「消滅の抗弁」ばかりを取り扱ってきましたが、ほかに、請求権の発生を障害する抗弁である「障害の抗弁」があります。また､そのほかに､特殊な抗弁である「阻止の抗弁」があります。

抗弁の３種類	消滅の抗弁 障害の抗弁 阻止の抗弁

このいずれについても、その主張立証責任は被告が負います。主張立証がされなければ、請求原因により発生した法律効果の覆滅等が認められず、被告が不利益を受けるからです。

(2) 抗弁は請求原因を前提とします。それは二つのことを意味します。

一つは、抗弁事実は請求原因事実と両立しなければならないということです。例えば、請求原因事実の中に「甲部屋は広い」というものがあった場合に、抗弁事実の中に「甲部屋は狭い」というものがあってはならないということです。

もう一つは、請求原因で現れた事実は、それをそのまま抗弁事実にすることができるということです。例えば、所有権に基づく返還請求に対する「留置権の抗弁」というものがあります。この抗弁では「被告が当該物を占有している」という事実が必要となりますが、これと全く同じ事実が請求原因で既に現れています。それをそのまま抗弁事実にすることができますから、抗弁において同じ事実を再度主張立証する必要はありません。

4 再抗弁以下

(1) 再抗弁（R＝Replik）とは、①抗弁により発生した法律効果を覆滅させることで、②請求原因により発生した法律効果を復活させるものです。

ここでは②が重要です。再抗弁は、原告が、抗弁に対抗して提出する攻撃防御方法ですが、その目的は、請求原因により発生した法律効果を復活させることです。抗弁により発生した法律効果を覆滅させるものであっても、それによって請求原因により発生した法律効果が復活しないのであれば、再抗弁にはなりません。

(2) 再抗弁のほとんどが、抗弁による法律効果の発生を障害する「障害の再抗弁」ですが、抗弁により発生した法律効果の消滅をもたらす「消滅の再抗弁」もわずかにあります。

これらの主張立証責任は原告が負います。主張立証がされなければ、抗弁により発生した法律効果の覆滅が認められず、原告が不利益を受けるからです。

(3)　再抗弁は請求原因及び抗弁を前提とします。それは二つのことを意味します。

一つは、再抗弁事実は、請求原因事実及び抗弁事実と両立しなければならないということです。

もう一つは、請求原因又は抗弁で現れている事実は、それをそのまま再抗弁事実にすることができるということです。

(4)　再々抗弁（D = Duplik）、再々々抗弁（T = Triplik）以下も、再抗弁と同様です。

5　攻撃防御方法の複数

(1)　被告は、複数の抗弁を提出することができます。例えば、売買代金支払請求訴訟において、その代金は支払ったとする弁済の抗弁と、その代金支払請求権は時効消滅したとする消滅時効の抗弁を両方提出するなどです。

もっとも、被告は、複数の抗弁に順位を付けて提出することはできません。「この抗弁を先に判断してください」という判断の順番の指定はできないということです。

そこで、裁判所は、抗弁が複数提出された場合は、そのどれを先に判断してもかまいません。先に弁済の抗弁が認められると判断すれば、それを理由に原告の請求を棄却することができますから、消滅時効の抗弁について判断する必要はありません。

例外的に、裁判所の判断順序が決まっているものがあります。それが「相殺の抗弁」です。相殺の抗弁は最後に判断しなければなりません。第３章第２節Ⅳで詳しく説明します。

(2)　再抗弁以下の攻撃防御方法についても、複数の提出が可能です。

(3)　なお、原告は、一つの訴訟物について複数の請求原因を提出することもできますが、その実例があるのは、賃貸借が終了した場合の目的物の明渡請求、使用貸借が終了した場合の目的物の明渡請求くらいです。

Ⅱ　消滅の抗弁

1　概　要

訴訟物たる請求権の消滅という法律効果を発生させる抗弁であり、例えば、弁済の抗弁、消滅時効の抗弁などです。

消滅の抗弁は、3種類の抗弁の中で、最も問題のない抗弁です。立証責任についてのいかなる見解にたっても、また、歴史的に見ても、被告が主張立証責任を負うことに異論がありません。

消滅の抗弁の具体例として、契約取消しの抗弁を見てみましょう。

2　契約取消しの抗弁

参考文献：司研・事実記載例集27頁

ア　概　要

例えば、強迫を理由として売買契約を取り消すと、当該売買契約は初めから無効であったものとみなされ（民法121条）、売買代金支払請求権は消滅します。このことが、売買代金支払請求訴訟において、消滅の抗弁になるというわけです。

▶初めから無効であったものとみなされることから、本節Ⅲの障害の抗弁になると考える見解もありますが、いったん発生した請求権が、契約の取消しにより消滅するわけですから、消滅の抗弁と解するのが相当です。

イ　詐欺・強迫取消しの抗弁

あなたが、詐欺又は強迫により契約を締結させられた場合、そのことを理由に当該売買契約を取り消すことができます（民法96条1項）。例えば、詐欺の場合、次のようになります。

抽象的要件	主要事実の例
故意の欺罔により錯誤に陥ったこと	被告が本件売買契約を締結したのは、本件土地の東方100mの地点に○○駅が設置される計画はなかったにもかかわらず、原告がその計画があると告げて被告を欺き、そのように信じさせたためである。

取消しの意思表示	被告は、原告に対し、令和○年○月○日、本件売買契約を取り消すとの意思表示をした。

ウ　錯誤取消しの抗弁

あなたが、錯誤により契約を締結した場合、そのことを理由に当該売買契約を取り消すことができます（民法95条１項）。例えば、動機の錯誤（民法95条１項２号）の場合、次のようになります。

抽象的要件	主要事実の例
動機の錯誤に陥っていたこと	被告は、本件売買契約の締結当時、本件土地の東方100mの地点に○○駅が設置される計画はなかったにもかかわらず、その計画があると信じていた。
動機が表示されたこと	本件売買契約の締結の際、上記計画があるので被告が本件土地を居住用の用地として買い受けることが表示されていた。
取消しの意思表示	被告は、原告に対し、令和○年○月○日、本件売買契約を取り消すとの意思表示をした。

エ　行為無能力取消しの抗弁

あなたが、契約当時に、行為能力を有していなかったのであれば、そのことを理由に当該契約を取り消すことができます。契約締結当時に、未成年者であった場合（民法５条２項）や、被保佐人であった場合（民法13条４項）です。例えば、未成年であった場合、次のようになります。

抽象的要件	主要事実の例
行為無能力者であったこと	被告は、本件売買契約締結当時、16歳であった。
取消しの意思表示	被告は、原告に対し、令和○年○月○日、本件売買契約を取り消すとの意思表示をした。

Ⅲ 障害の抗弁その1——法律行為の無効

1 法律行為の無効

(1) 法律要件に該当する事実が存在しても、それが法律上無効であれば、具体的な法律効果は発生しません。

例えば、売買代金支払請求訴訟において、売買代金支払請求権の発生要件である「売買契約の締結」に該当する事実として、「原告が、被告に対し、令和元年6月20日、甲建物を1000万円で売った」という事実があったとします。

ところが、実は、その頃、被告の認知症が進行しており、意思能力がほとんどなかったのであれば、当該契約は無効になります（民法3条の2）から、原告の被告に対する売買代金請求権は発生しません。

(2) この場合、当該売買契約時に被告に意思能力がなかったことは、被告の抗弁になります。

原告が、請求原因において、被告との売買契約の締結によって売買代金支払請求権が発生したことを主張しているのに対し、被告は、その売買契約は無効であるから、その請求権は実際には発生していなかったと反論するものです。請求権の発生を障害する事由を主張するものであることから「障害の抗弁」と呼ばれています。

抽象的要件	主要事実の例
意思能力の不存在	被告は、本件売買契約を締結した際、認知症にり患しており、事理を弁識する能力がなかった。

(3) 無効事由としては、ほかに、公序良俗違反無効（民法90条）、心裡留保無効（民法93条1項ただし書）、虚偽表示無効（民法94条1項）などがあります。

(4) 無効というのは、法技術の一つです。

「有効であること」（例えば意思能力があったこと）を法律効果の発生要件とするのではなく、「無効であること」を法律効果の発生障害要件とするものです。

もし、「意思能力があったこと」を契約に基づく請求権の発生要件にしてしまうと、売主は、売買代金支払請求をする際に、いちいち、この要件の具備を立証しなければならなくなります。精神科医の鑑定書などで立証することになりますが、鑑定には高額の費用がかかりますから、その費用が捻出できなければ、売買代金支払請求訴訟が提起できないことになり、ひいては、裁判を受ける権利という憲法上の権利の侵害にもつながりかねません。

▶このことは、ドイツにおいても、ローゼンベルクさんらによって、「請求権者が権利の存続についての全要件を証明せねばならぬとすると、権利の追行は当初から全く望みえぬものになる」と指摘されていました（春日偉知郎・判タ350号124頁）。

そこで、意思能力の有無などといった一般的な要件については、その不存在を無効事由＝法律効果の発生障害要件とすることで、相手方にその主張立証責任を負わせることにしたのです。

⑸　無効は、人為的に作られる概念ですから、様々なバリエーションを持たせることもできます。無効の主張をすることができる人的範囲を限定することもできます。例えば、上記の例でいえば、買主の意思無能力を理由とする無効は、意思無能力者である買主自身はこれを主張することができますが、売主から主張することはできないと考えられています。

また、一つの行為につき、当事者や利害関係者が何人もいる場合に、その一部の者の間では無効であるが、その余の者の間では有効とすることもできます。これを相対的無効といいます。

2　障害の再抗弁

⑴　以上は障害の抗弁の話でしたが、「障害の再抗弁」も同様に考えることができます。抗弁によって発生する法律効果についても、その発生障害を観念することができるからです。

例えば、消滅の抗弁では、「請求権の消滅」という法律効果が発生しますが、これに対し、その法律効果は発生していない、なぜなら発生障害事由があるからと主張するのが障害の再抗弁です。

⑵ 一例として弁済の抗弁に対する再抗弁を見てみましょう。例えば、貸金返還請求権は、その貸金が弁済されれば、役割を果たして消滅します（民法473条）。これが「弁済の抗弁」であり、消滅の抗弁の一つです。

ところが、当該弁済が、金銭の手渡しによってされたものであり、それを受領した者に「弁済受領能力」がなければ、その弁済は無効になるとされています。極端な例でいえば、受領者が幼稚園児であり、受け取ったお札を全部シュレッダーにかけてしまった場合です。

この場合、弁済の抗弁による法律効果（＝貸金返還請求権の消滅）は発生しなかったことになります。抗弁段階では発生していたように思われたのですが、再抗弁において、当該弁済が無効となり、発生が障害されるのです。「弁済受領者に弁済受領能力がなかったこと」が、弁済の抗弁に対する障害の再抗弁になるのです。

Ⅳ 障害の抗弁その２――立証の公平の考慮

1 請求原因段階では発生していたはずの請求権について、抗弁段階になって、実はそれは発生していなかった、なぜなら、その発生を障害させる事由があるからだというのが、障害の抗弁です。この抗弁は、立証の公平を実現させるためにも用いられています。

2 例えば、ある請求権が発生するためには、A、B、Cの３個の要件を充足しなければならないところ、そのうちのBに該当する事実を原告が立証するのは容易ではないが、他方、その反対事実を被告が立証するのはさほど困難ではないといった場合です。

こういう場合、Bを請求権の発生要件から外してしまい、その要件を充足しなくとも請求権が発生することにしてしまいます。その上で、Bの反対事実を障害要件とし、被告がその立証に成功すれば、請求権は発生しなかったことにするのです。

立証が酷である発生要件 → 発生要件から外し、その反対事実を障害要件に回す

3　ドイツの民法では、障害要件であることを条文の形式によって示すということがされていました。そして、それが、日本の民法にも引き継がれています。

例えば、法律の条文には「本文」と「ただし書」(ただしがき）があります。法律効果の発生を定めた条文では、「本文」が法律効果の発生要件を、「ただし書」が法律効果の発生の障害要件を表しているのです。そこで、立法者は、法律効果の発生要件のうち、その反対事実を障害要件に回したいものがあれば、それを「本文」ではなく「ただし書」に規定することで、そのことを明らかにすることができます。

法律効果の発生を定めた条文	本文→法律効果の発生要件 ただし書→法律効果の障害要件

同様に、「～は、この限りではない。」、「～を除き、」との文言も、障害要件を示していることがあります。

4　具体例として、交通事故の被害者を保護するために、民法の特別法として立法された自動車損害賠償保障法３条について見てみましょう。

あなたが不法行為の被害者になった場合、加害者に損害賠償請求をするには、以下の要件が必要でしたね。

請求権の発生要件	①　加害者の故意又は過失に基づく行為
	②　①による被害者の権利の侵害
	③　②により被害者に損害が発生

しかし、交通事故の被害者が①の「故意又は過失」を立証しなければならないとするのは酷です。これは加害者側の事情ですから、被害者が立証できるとは限らないからです。

そこで、自動車損害賠償保障法３条は、自動車事故による人身損害の場合、

①の「故意又は過失」を損害賠償請求権の発生要件から除外し、その反対事実である「加害者に故意及び過失がなかったこと」を、損害賠償請求権の発生の障害要件としたのです。そして、そのことを明らかにするために、これを同条の「ただし書」としました。「ただし、……自動車の運行に関し注意を怠らなかったこと……を証明したときは、この限りでない。」と規定したのです。

請求権の発生要件	①　加害者による自動車の運行
	②　①による被害者の権利（生命又は身体）の侵害
	③　②により被害者に損害が発生
請求権の発生の障害要件	上記①につき加害者には故意も過失もなかったこと

5　もっとも、実際の法律は、立証の公平を明確に意識して作られているわけでもないため、障害要件になるべき要件が「ただし書」として定められていないこともあります。そういう場合、法律の解釈によって、「本文」にある複数の要件のうちの一つを法律効果の発生要件から外し、その反対事実を障害要件に回すことも行われています。立証の公平を実現するためです。この法律解釈は、裁判所が、判決の中で行うこともあります。

V　障害の抗弁その3――暫定真実

参考文献：司研・新問研99・132頁、司研・類型別68・114頁、司研・事実記載例集18頁、大島・要件事実上310・390頁、要件事実30講94・380頁

1　概　要

法律効果の発生を定めた条文において、法律効果の発生要件は「本文」、発生障害要件は「ただし書」に規定されます。

これと同じことを二つの条文を使って行う法技術があります。それが「暫定真実」です。

2　所有権の時効取得

(1)　他人の土地を長期間占有していると、その土地の所有権を取得できる

ことがあります。所有権の時効取得です。

そこで、あなたが、ある訴訟の原告となり、その請求原因において、甲土地の所有権の時効取得を主張することになったものとします。

(2)　時効取得という法律効果の発生要件については民法162条に定められていますが、そのうちの同条1項（長期取得時効）を扱いましょう。

同項は「20年間、所有の意思をもって、平穏に、かつ、公然と他人の物を占有した者は、その所有権を取得する。」と規定しています。

また、時効は、援用（＝時効により利益を得る者が、その利益を享受する旨を明らかにすること）が必要です（民法145条）。

そこで、あなたが甲土地の所有権を時効取得するためには、以下の要件を具備する必要があります。

1　あなたは、20年間、甲土地を占有した
2　あなたは、甲土地の占有を開始した時に、甲土地を所有する意思を有していた（＝あなた自身が甲土地の所有者だと思っていた）
3　あなたは、平穏に、甲土地の占有を開始した
4　あなたは、公然と、甲土地の占有を開始した
5　あなたは、時効の援用をした

(3)　ところで、民法162条のほかに、民法186条1項というものがあります。「占有者は、所有の意思をもって、善意で、平穏に、かつ、公然と占有をするものと推定する。」という規定です。

この規定により、占有者は、所有の意思をもって占有するものと推定されますから、上記(2)の1の事実があれば、2の事実は推定されます。

同様に、占有者は、平穏に、かつ、公然と占有するものと推定されますから、上記(2)の1の事実があれば、3、4の事実は推定されます。

結局、あなたは、請求原因において、上記1と5だけ主張立証すれば足りることになります。

抽象的要件	主要事実の例
20年間の占有	原告は、令和元年6月20日から令和21年6月20日まで甲土地を占有していた。
時効の援用	原告は、被告に対し、令和21年7月20日、時効を援用するとの意思表示をした。

⑷　以上のとおり、民法186条1項は、占有者について、所有の意思、公然、平穏を「推定」します。しかし、それは、単に推定しただけのことです。

そのため、その事実は実際には存在していなかったことが明らかになればこの推定は覆されます。

所有の意思を例にしてみましょう。甲土地を占有しているあなたには、所有の意思があったことが推定されましたが、あなたに「所有の意思がなかった」ことが明らかになれば、この推定は覆されます。

例えば、あなたが甲土地の賃借人であった場合です。あなたは、甲土地を賃借人の立場で占有しているにすぎず、自分が甲土地の所有者であるとは思っていなかったことになりますから、あなたには甲土地の「所有の意思」はなかったことになります。上記推定が覆され、あなたには、占有の開始時に「所有の意思」がなかったことになりますから、所有権の時効取得という法律効果は発生していなかったことになります。

このように「所有の意思の不存在」は、法律効果の発生を障害するものとして、障害の抗弁になります。

同様に、「公然の不存在（＝こっそりと占有を開始した）」や、「平穏の不存在（＝暴力を用いて実力行使により占有を開始したなど）」も、障害の抗弁となります。

⑸　要するに、民法186条1項があることで、民法162条1項に定められた時効取得の発生要件の一部は、発生要件から外れ、その反対事実が障害要件になるということです。民法162条1項の要件の一部につき、同条「本文」から外し、その反対事実を同条の「ただし書」にしたのと同じことです。

このように、法律効果の発生要件を定めた規定について、その一部の要件を「推定」することにより発生要件から外し、その反対事実を障害要件に変えてしまう別の規定があることがあります。この場合に、推定される事実のことを「暫定真実」といいます。「所有の意思」、「公然」、「平穏」は、いずれも「暫定真実」であったわけです。

3　即時取得

(1)　あなたが、Aさんから、動産を買い、その引渡しを受けましたが、実は、Aさんは、その動産の所有者ではありませんでした。Aさんは、他人が所有している動産をあなたに売りつけたのです。

しかし、あなたは、その動産の所有権を取得できる場合があります。それが即時取得です。

動産の売買の際に、その動産の真の所有者が誰であるか否かをいちいち確かめなければならないというのでは、動産の円滑な取引ができません。そこで、動産の取引については、即時取得の制度を設け、買主が確実に所有権を取得できることを保障したのです。

(2)　例えば、あなたが、ある訴訟の原告となり、その請求原因において、動産の所有権の即時取得の主張をすることになったものとします。

即時取得の要件については、民法192条が定めています。同条は「取引行為によって、平穏に、かつ、公然と動産の占有を始めた者は、善意であり、かつ、過失がないときは、即時にその動産について行使する権利を取得する。」と規定しています。

▶ここでいう「善意」とは、「買主が、売主が当該動産の所有者であると信じていたこと」をいうと解されています。

そこで、あなたが動産の所有権を即時取得するためには、以下の要件を具備する必要があります。

1　あなたが、売主から、動産を買ったこと（＝取引行為）
2　あなたが、売主から、当該動産の引渡しを受け、当該動産の占有を始めたこと
3　2の占有開始が平穏なものであること

4　2の占有開始が公然なものであること
5　あなたは、2の際、売主が当該動産の所有者であると信じていたこと（＝善意）
6　あなたが5のように信じることに過失がなかったこと

(3)　さて、ここでも民法186条1項が登場します。同項は、「占有者は、所有の意思をもって、善意で、平穏に、かつ、公然と占有をするものと推定する。」と規定しており、占有者の「善意」「平穏」「公然」を推定します（上記(2)の3、4、5のことです）。

また、無過失については、同項に規定はないのですが、最高裁判所の判決（最判昭和41年6月9日民集20巻5号1011頁）によって、同様の推定が認められています（上記(2)の6のことです）。

そこで、あなたは、請求原因において、1と2だけ主張立証すれば足りるということになります。

抽象的要件	主要事実の例
前主との取引行為	原告は、令和元年6月20日、Aから、甲ぬいぐるみを代金2万円で買った。
上記行為に基づく動産の占有開始	原告は、同日、Aから、上記売買契約に基づき、甲ぬいぐるみの引渡しを受けた。

(4)　これに対し、被告は、推定された事実が実際には存在しなかったことを明らかにすることで、推定を覆すことができます。

「占有開始が公然ではなかったこと」、「占有開始が平穏ではなかったこと」、「占有開始時に、悪意であったこと（＝売主が当該動産の所有者であるとは信じていなかったこと）」、「うかつにも（＝過失により）、売主が当該動産の所有者であると信じてしまったこと」であり、いずれも障害の抗弁となります。

例えば、悪意の抗弁であれば、次のようになります。

抽象的な要件	主要事実の例
占有開始時の悪意	原告は、甲ぬいぐるみの引渡しを受けた際、Aが甲ぬいぐるみの所有者ではないことを知っていた。

(5)　このように、民法186条1項は、同法192条においても「暫定真実」を作り出し、同条が定める「即時取得という法律効果の発生要件」の一部について、その反対事実を障害要件としているのです。

Ⅵ　阻止の抗弁

参考文献：坂田宏・民商法雑誌110巻4・5号795頁

1　概　要

例えば、売買代金支払請求権の確認訴訟は、同請求権を訴訟物として、同請求権の存在の確認を求めるものです。

他方、給付訴訟である売買代金支払請求訴訟は、売買代金支払請求権を訴訟物とした上で、その訴訟を提起すること自体によって、給付の請求という積極的行為をするものです。

この「給付の請求」という積極的行為に関する抗弁があり、阻止の抗弁と呼ばれています。

▶したがって、これは、給付訴訟に特有の抗弁です。

2　請求権に対し、その履行を拒絶する抗弁

(1)　同時履行の抗弁（民法533条）というものがあります。例えば、ぬいぐるみの売主が、そのぬいぐるみを買主に引き渡すことなく、買主に売買代金の支払を請求したときは、買主は、その履行を拒絶することができます。売買代金だけ支払わされて、ぬいぐるみは引き渡してもらえないかもしれないからです。

(2)　また、留置権の抗弁（民法295条1項）というものもあります。例えば、あなたが駐車場の経営者であったとします。駐車料金を支払わずに停めっぱ

なしの車があったので、その車が駐車場から出られないようにしたところ、その車の持主から、所有権に基づく当該車の引渡請求をされました。こういう場合に、あなたは、駐車料金を支払ってもらうまで、その引渡しを拒絶することができるというのが、留置権の抗弁というものです。

(3)　同時履行の抗弁や留置権の抗弁のような、請求権に対し、その履行を拒絶する抗弁の原型は、ローマ法のexceptioというものでした。これが、中世ローマカノン法のexceptio jurisへ引き継がれ、さらに、ドイツ民法の「実体法上のEinrede」へと発展しますが、それは、次のような抗弁であるとされてきました。

> ア　請求権に対して、その履行を拒絶する機能が認められるものである。
> イ　この抗弁が認められるためには、被告が、当該訴訟手続において、当該抗弁を行使するとの主張（＝権利主張）をすることを要する。

(4)　日本の最高裁判所は、留置権の抗弁について、ドイツ民法の「実体法上のEinrede」と同様に、上記(3)イを必要としました（最判昭和27年11月27日民集6巻10号1062頁）。すなわち、留置権の抗弁では、被告において、留置権を行使する意思を表明すること（＝留置権の権利主張）を要するものとしたのです。そして、このような「権利主張」が必要な抗弁を「権利抗弁」と呼び、それ以外の通常の抗弁を「事実抗弁」と呼ぶことを明らかにしたのです。

▶それに先立ち、大審院も、同時履行の抗弁について、上記(3)イを必要としていました（大判昭和10年2月19日新聞3816号7頁）。

▶権利抗弁は、訴訟における被告のイニシアティブを内包しているがゆえに、純実体法的な制度ではなく、いわば実体法と訴訟法の狭間に位置するものと考えられています（坂田・民商法雑誌110巻6号993頁）。

(5)　請求権に対し、その履行を拒絶する抗弁には、ほかに、単純保証人が有する催告・検索の抗弁（民法452条、453条）があります。このうちの催告の抗弁とは、債権者が、債務者に請求することなく、いきなり保証人に保証債務の履行を請求してきた場合、保証人は、「いやいや、私は単なる保証人ですから、まずは債務者に請求して下さいよ。」と言って、保証債務履行請求権の履行を拒絶できるというものです。

3　履行期限の抗弁

⑴　売買代金支払請求権は、売買契約が締結すると直ちに発生するとされています。では、売買代金の支払期限が定められていて、それがまだずっと先であったら、どうなるでしょうか。

売買代金支払請求権は発生し、それが口頭弁論終結日にも存在していますから、同請求権の確認訴訟であれば、請求が認容されるところです。

ところが、履行期限が到来していないのですから、それが到来するまでは、給付の請求はできません。つまり、給付の請求という積極的行為に対し、「未到来の履行期限があること」が抗弁になるというわけです。

⑵　この抗弁は、当該抗弁を行使するとの意思の表明を要するものではないため、母法の沿革を有する上記２の「阻止の抗弁」とは性質が異なるものですが、司法研修所民事裁判教官室は、売買代金支払請求訴訟において、この抗弁が「阻止の抗弁」になるとしています。

▶もっとも、第３章第１節Ⅳで学びますが、貸金返還請求訴訟では、これがそもそも抗弁になりません。そのため、この抗弁を「阻止の抗弁」とすることについては、なお検討の余地がありそうです。第３章の章末コラムに、若干の検討結果を載せています。

コラム

裁判規範である民法

1　本章で取り上げた「障害要件」は、裁判における立証の公平を考慮したものでした。みなさんは、この要件を学習した際に、素朴な疑問を抱かなかったでしょうか。民法の実体要件の解釈をする際に、どうして、裁判における公平を考慮するのだろうかと。

民法が、裁判の際にのみ用いられる法律というのであれば、上記の解釈をすることもわかりますが、しかし、民法は、第１次的には、国民を名宛人として、国民が日常の生活において行動する場合の規準を定めたもの（＝行為規範）のはずです。

2　みなさんが、こうした素朴な疑問を抱いてしまうのも無理はありません。みなさんは、上記のとおり、民法が第１次的には行為規範であると考えているからです。しかし、実は、そうではありません。民法は、みなさんが思っているのとは異なり、裁判官を名宛人として、裁判官が裁判をするときの規準を示したもの（＝裁判規範）なのです。民法の中には、裁判でなければ行使できない権利もあります（民法424条）。

3　日本の民法は、その制定以来、裁判規範と考えられてきました（末弘厳太郎・嘘の効用上170頁（1922年、改造社）、川島武宜・民法講義１巻序説16頁（1951年、岩波書店）、平野義太郎・日本資本主義社会と法律（1955年、理論社））。

「私法規定は、第１次的には、評価規範（裁判規範）であり、そして伝統的な私法の解釈学も、まずこの裁判規範としての私法を念頭において、解釈に従事してきたといえ」ます（内田貴・法学教室75号73頁、新堂幸司編・特別講義民事訴訟法13頁（1988年、有斐閣））。

4　それでは、みなさんは、どうして、民法を行為規範と思ってしまっているのでしょうか。その理由について、川島武宜教授は、次のように分析しています（法社会学における法の存在構造245頁（1950年、日本評論社））。

「国家法のはじめの形態は、裁判規範たる手続法、刑法、のちにいたっての一定の限度での私法であった。……法律学は元来このような裁判上の必要に奉仕するための学問として発達したのであり、したがって法律学はその場合には、対象たる裁判規範を見失うことなく、裁判法学としての性格をはっきりと意識していた。たとえば、ローマの法律学は、所有権や契約そのものについてではなく、所有権や契約に基づく訴権（アクチオ）についての学問であった。ところが近代の法律学は、裁判における手続法と実体法の分離の原則のうえに成り立つところの実体法、すなわち、厳密にいえば司法的実体法を対象としており、その結果、法律学がその対象としているところの民法や商法が、裁判規範ではなく行為規範であるかのごとき外観を呈するに至った。かようにして行為規範と裁判規範が明確に区別させられないようになり、しばしば両者は漠然と同視される。」

日本においても、「裁判規範としての実体法の緻密の分析よりも、生活規範面にむしろ目を向けた啓蒙的著作が民法学者の間で多くなっ」てきました（三ヶ月章・民事訴訟雑誌38号6頁（1982年））。民法を第1次的には行為規範（第2次的に裁判規範として機能する）とする見解として、例えば、我妻榮・新訂民法大意上32頁（1957年、岩波書店）があります。

「啓蒙的著作」で民法を学習してきたみなさんは、これまで、民法が行為規範であると信じて疑わなかったのかもしれません。

第3章

中級者段階

（司法試験予備試験受験生、認定司法書士受験生対象）

第１節　契約に基づく請求訴訟（初級編）

Ⅰ　契約に基づく請求訴訟（総論）

参考文献：大島・要件事実上60頁、要件事実30講102頁

1　概　要

第３章では、これまで学んだ民事訴訟の基礎知識を踏まえて、訴訟類型ごとに、訴訟の内容を具体的に見ていきたいと思います。

最初に、契約に基づく請求訴訟を扱います。売買代金支払請求訴訟、貸金返還請求訴訟など、契約に基づく請求訴訟はその種類も様々であり、実際の裁判でも、損害賠償請求訴訟と並んで多く見られる訴訟類型です。

2　契約に基づく請求権の発生

(1)　まずは、契約に基づく請求権の発生について正確に理解しましょう。売買契約に基づく代金支払請求権などは、契約が成立することによって発生します。本書は、これまで、「契約の締結」と表現してきましたが、正確にいうと「契約の成立」です。

(2)　契約が成立するためには、二つのことが必要です。一つは、申込みと承諾の合致であり、もう一つは、法が定めた内容の合意等がされることです。

3　申込みと承諾

例えば、あなたが、Ａさんから、「この不動産を100万円で買いませんか」と言われて（＝申込み)、「わかりました、買います」と答えれば（＝承諾)、申込みと承諾が合致しましたから、これにより売買契約が成立します（民法522条１項)。

契約の成立	申込みと承諾の合致

もっとも、訴状や答弁書などで、「契約の成立」に該当する具体的な事実を記載する際に、いちいち、申込みと承諾があったことを記載するのは煩雑

です。

実際には、「原告と被告との間で、甲不動産を100万円で売買する合意がされた。」とか、「被告は、原告から、甲不動産を代金100万円で買った。」などの記載がされます。これらの記載は、契約当事者の一方が他方に対し甲不動産を100万円で売買することを申し込み、他方がそれを承諾したという事実の、いわば省略形の記載として、されているのです。

4　契約成立のために必要な合意

契約が成立するためには、いかなる内容の合意がされればよいのかについて、契約ごとに民法が規定しています。

世の中に数多ある契約ですが、民法は、典型的な契約類型が13種類あるとして、これらを、第３編第２章にまとめました（民法549条～696条）。民法第３編第２章第２節の「贈与」から同章第14節の「和解」までです。

そして、各節の最初にある規定（冒頭規定）が、その契約が成立するために合意すべき内容を明らかにしています。

民法第３編第２章第２～14節	典型的な13種類の契約について規定
各節の冒頭にある規定	当該契約が成立するための合意内容を規定

例えば、みなさんがアパートを借りるときには、大家さんとの間で賃貸借契約を締結します。賃貸借については民法第３編第２章第７節に規定があり、同節の冒頭にある民法601条は、「①賃貸借は、当事者の一方がある物の使用及び収益を相手方にさせることを約し、②相手方がこれに対してその賃料を支払うこと及び③引渡しを受けた物を契約が終了したときに返還することを約することによって、その効力を生ずる。」と規定しています（丸数字は筆者挿入）。

そこで、賃貸借契約が成立するためには、①大家さんがあなたにアパートの部屋の使用収益をさせること、②その対価としてあなたが大家さんに賃料を支払うこと、③賃貸借契約が終了したときはあなたがそのアパートを返還することを、あなたと大家さんとの間で合意することが必要というわけです。

民法601条	賃貸借契約の合意内容を定めた「冒頭規定」
賃貸借契約成立のための合意内容	・当該物を使用収益させる合意 ・その対価として賃料を支払う合意 ・契約終了時に当該物を返還する合意

現実の賃貸借契約書には、上記①～③の合意のほかにも、多数の規定が置かれるのが通常ですが、それらは、賃貸借契約の成立自体には無関係であり、賃貸借契約に付随した特約が多数あるということです。

Ⅱ　売買代金支払請求訴訟

参考文献：司研・新問研1頁、司研・類型別1頁、司研・事実記載例集4頁、大島・要件事実上58頁、要件事実30講183頁

1　概　要

契約に基づく請求訴訟の代表例は売買代金支払請求訴訟です。訴訟の三段階を意識することが重要であるため、請求段階（訴訟物）、主張・立証段階（請求原因、抗弁……）に分けて見ていきましょう。

2　訴訟物

(1)　売買契約が成立すると、売主には、売買代金支払請求権が発生しますから、売主は、買主に対し、売買代金支払請求訴訟を提起することができます。

訴訟物	売買契約に基づく代金支払請求権
請求の趣旨	被告は、原告に対し、100万円を支払え。
よって書き	よって、原告は、被告に対し、本件売買契約に基づき、代金100万円の支払を求める。

(2)　現実の訴訟では、附帯請求がされるのが通常です。主請求（＝売買代金支払請求）と附帯請求で訴訟物が異なりますから、訴訟物が2個あることになります。

▶附帯請求については本節Ⅴで詳しく学びます。

【記載例】　請求の趣旨（主請求及び附帯請求）

被告は、原告に対し、100万円及びこれに対する令和○年○月○日から支払済みまで年３％の割合による金員を支払え。

【記載例】　よって書き

よって、原告は、被告に対し、本件売買契約に基づき、100万円及びこれに対する弁済期の翌日である令和○年○月○日から支払済みまで民法所定の年３％の割合による遅延損害金の支払を求める。

3　請求原因

▶本書では、請求原因は主請求についてのみ取り扱います。

⑴　原告は、売買代金支払請求訴訟の請求原因として、訴訟物である売買代金支払請求権の発生要件に該当する事実を主張立証する必要があります。

売買代金支払請求権は売買契約が成立すると直ちに発生すると解されていますから、請求原因は「売買契約の成立」に該当する事実だけで足ります。

⑵　売買契約は民法第３編第２章第３節に規定されていますが、その冒頭規定である民法555条は、「売買は、①当事者の一方がある財産権を相手方に移転することを約し、②相手方がこれに対してその代金を支払うことを約することによって、その効力を生ずる。」と定めています（丸数字は筆者挿入）。

そこで、例えば、ある不動産を1000万円で売った場合であれば、①当該不動産の所有権を売主から買主に移転し、②その対価として買主が売主に1000万円を支払うことの各合意がされれば、当該不動産を目的とする売買契約が成立したことになります。

抽象的要件	主要事実の例
売買契約の成立	Xは、Yに対し、令和元年６月20日、甲土地を代金1000万円で売った。

現実の売買契約書には、上記①、②の合意のほかにも、多数の規定が置かれるのが通常ですが、それらは売買契約の成立自体には無関係であり、売買契約に付随した特約として合意されているというわけです。

4　抗弁その1：手付解除

⑴　契約に基づく請求訴訟に共通する抗弁については本章第2節でまとめて扱いますが、ここでは、売買代金支払請求訴訟に特有な抗弁である手付解除を見てみましょう。

⑵　不動産の売買では、契約時に手付を入れる（＝買主が売主に手付金を支払う）のが通常です。1000万円の土地の売買であれば、100万円程度の手付を入れます。

こうしておけば、買主は、この売買をキャンセルしたいと思ったときは、手付金を放棄することで売買契約を解除することができます（民法557条1項）。手付金を失ってでも売買をキャンセルしたいときがあるのです（なお、解除しなかった場合、手付金の支払は、売買代金の一部を支払ったものとされます）。

この解除により、売買契約の成立によって発生した法律効果は全て消滅します。代金支払請求権も消滅しますから、これが消滅の抗弁となります。

抽象的要件	主要事実の例
手付交付の合意	原告と被告は、本件売買契約締結に際し、100万円を手付とすることを合意した。
手付金の交付	被告は、原告に対し、令和元年6月20日、上記手付金として100万円を交付した。
買主による手付の放棄	被告は、原告に対し、令和元年8月20日、本件売買契約の解除のためにすることを示して、手付金を放棄するとの意思表示をした。
手付による解除	被告は、原告に対し、令和元年8月20日、本件売買契約を解除するとの意思表示をした。

(3)　もっとも、買主の手付解除は、いつまでもできるわけではありません。売主が、自らの債務の「履行に着手」するまでです（民法557条１項ただし書）。売主は、売買の目的物を買主に引き渡す義務などを負っていますが、売主が自らの義務を履行した後にされた手付解除は無効です。

したがって、「当該手付解除よりも前に、売主が、自らの債務の履行に着手したこと」は、手付解除による法律効果（売買代金支払請求権の消滅）を障害させるものとして、障害の再抗弁となります。

抽象的要件	主要事実の例
当該手付解除よりも前に反対当事者が履行に着手したこと	原告は、令和元年７月20日、本件売買契約に基づき、甲土地を被告に引き渡した。

5　抗弁その２：履行期限の抗弁

もう一つ抗弁を見てみましょう。売買代金の支払期限が未到来であるから、売買代金支払請求訴訟を提起することができないという抗弁です。

▶本抗弁の性質については第２章第２節Ⅵを参照してください。

①当該売買代金支払債務に支払期限があること、②その支払期限が未到来であることが必要ですが、②は、「到来していない」という消極的事実であるため、これを要件とせずに、その反対事実（＝支払期限の到来）を「障害の再抗弁」に回すべきです。したがって、①のみが残ります。

▶ドイツ民法でも、消極的事実の証明の回避をできるだけ行おうとされていました（春日偉知郎・判タ350号125頁）。

抽象的要件	主要事実の例
当該売買代金債務に支払期限があること	原告と被告は、本件売買契約締結の際、代金支払期日を令和２年１月20日とする合意をした。

6　補足：移転型契約

契約が成立すると直ちに目的物の所有権が移転し、目的物（又はその対価）

の給付請求権が発生する契約類型は、移転型契約と呼ばれています。この類型に属する契約には、売買契約のほか、贈与契約、交換契約があります。

Ⅲ 売買目的物引渡請求等訴訟

参考文献：司研・類型別20頁、司研・事実記載例集12頁、要件事実30講161頁

1 概 要

⑴ 売買契約の成立によって、買主にも請求権が発生します。そこで、買主が原告となる訴訟について見てみましょう。

⑵ 売買の目的が動産である場合、買主には、売買目的物の引渡請求権が発生します。

売買の目的が不動産である場合、買主には、売買目的物の引渡請求権のほか、売買目的物の所有権移転登記請求権も発生します（民法560条）。

2 売買目的物引渡請求訴訟

ア 訴訟物

⑴ 売買契約が成立すると、買主には、売買目的物の引渡請求権が発生しますから、買主は、売主に対し、売買目的物引渡請求訴訟を提起することができます。

訴訟物	売買契約に基づく（土地）引渡請求権
請求の趣旨	被告は、原告に対し、甲土地を引き渡せ。
よって書き	よって、原告は、被告に対し、本件売買契約に基づき、甲土地の引渡しを求める。

⑵ 売買契約に基づいて売主が負う義務は、目的物が不動産であっても、目的物の「明渡し」義務ではなく、目的物の「引渡し」義務です。

所有権に基づく不動産の返還請求の場合は、本章第4節で説明するとおり、不動産の「明渡し」まで求めることができますが、売買契約に基づく履行請求の場合は、売買契約が、売主に対し目的物の「引渡義務」を発生させるに

すぎません（民法562条、同法567条等でも「引渡し」との文言が用いられています）。

イ　請求原因

目的物引渡請求権は、売買契約が成立すると直ちに発生すると解されていますから、請求原因は「売買契約の成立」だけで足ります。

抽象的要件	主要事実の例
売買契約の成立	原告は、被告から、令和元年６月20日、甲土地を代金1000万円で買った。

ウ　手付解除の抗弁

手付を受領した側である売主も、売買契約の手付解除をすることができます。その方法は、手付金の「倍返し」です。

売主は、受領した手付金の倍額を返還することで、手付解除をすることができるのです（民法557条１項）。

抽象的要件	主要事実の例
手付交付の合意	被告と原告は、本件売買契約締結に際し、100万円を手付金とすることを合意した。
手付金の交付	原告は、被告に対し、令和元年６月20日、上記手付金として100万円を交付した。
手付金の倍額の償還	被告は、原告に対し、令和元年８月20日、手付金の倍額の償還として200万円を交付した。
解除の意思表示	被告は、原告に対し、令和元年８月20日、本件売買契約を解除するとの意思表示をした。

もっとも、手付解除は、いつまでもできるわけではありません。買主が、その債務の「履行に着手」をするまでです（民法557条１項ただし書）。その後にされた手付解除は無効です。

したがって、「当該手付解除よりも前に、買主がその債務の履行に着手したこと」は、手付解除による法律効果（目的物引渡請求権の消滅）を障害させるものとして、障害の再抗弁となります。

抽象的要件	主要事実の例
当該手付解除よりも前に反対当事者が履行に着手したこと	原告は、被告に対し、令和元年７月20日、本件売買代金の内金として300万円を支払った。

3　売買契約に基づく所有権移転登記請求訴訟

ア　概　要

⑴　不動産の買主は、売主に対し、当該不動産の所有権移転登記請求をすることができます（民法560条）。

⑵　不動産の登記記録の甲区は、その不動産の所有関係を表示した部分であり、歴代の所有者の所有権移転登記が並んでいます。

所有権移転登記は、所有者が変わるごとに、新所有者のものが甲区の一番下に追加されていくため、一番下にある所有権移転登記が、現在の所有名義人を表しています。

そこで、当該不動産の名義を売主から買主に変えるために、買主の所有権移転登記を甲区の一番下に追加する必要があるというわけです。

〈資料〉登記記録（甲区）

権利部（甲区）（所有権に関する事項）			
順位番号	登記の目的	受付年月日・受付番号	権利者その他の事項
1	所有権保存	平成８年３月１日 第１号	所有者　○○県・・ ○山×夫
2	所有権移転	平成９年４月４日 第12号	原因　平成９年４月１日売買 所有者　○○県・・　×川○子
3	所有権移転	令和２年６月４日 第61号	原因　令和２年６月１日売買 所有者　○○県・・○○○株式会社

イ　訴訟物

⑴　不動産の売買契約が成立すると、買主には、売買目的物の所有権移転登記請求権が発生します（民法560条）から、買主は、売主に対し、所有権移転登記請求訴訟を提起することができます。

⑵　所有権移転登記をするのは法務局の登記官です（不動産登記法９条）。買主への所有権移転登記をする場合、売主と買主が、共同して、登記の申請手続をしなければなりません（不動産登記法60条）。買主一人では、この手続ができず、売主の協力が必要です。

そこで、買主は、売主に対し、一緒にこの申請手続をすることを求めることができますが、それが「所有権移転登記請求権」と呼ばれているのです。

訴訟物	売買契約に基づく所有権移転登記請求権

【記載例】　請求の趣旨

被告は、原告に対し、甲土地について、令和元年６月20日売買を原因とする所有権移転登記手続をせよ。

【記載例】　よって書き

よって、原告は、被告に対し、本件売買契約に基づき、甲土地につき、令和元年６月20日売買を原因とする所有権移転登記手続をすることを求める。

⑶　買主勝訴の判決が確定すると、売主による登記申請が擬制されます（民事執行法177条１項）。そこで買主は、その確定勝訴判決を法務局に持っていけば、売主の協力がなくても、一人で、買主名義の所有権移転登記手続ができるというわけです。

▶なお、判決の確定によって初めて登記申請が擬制されることから、判決に仮執行宣言を付することはできないと考えられています。

ウ　請求原因

所有権移転登記請求権は、不動産の売買契約が成立すれば直ちに発生すると考えられています。

▶ちなみに、賃借権設定登記の場合、賃借権設定登記請求権は、賃貸借契約が成立したというだけでは発生せず、この請求権を発生させるための合意が別途必要と考えられています。

抽象的要件	主要事実の例
売買契約の成立	原告は、被告から、令和元年６月20日、甲土地を代金1000万円で買った。

エ　手付解除の抗弁

上記２ウと同様です。

Ⅳ　貸金返還請求訴訟

参考文献：司研・新問研36頁、司研・類型別27頁、司研・事実記載例集８頁、大島・要件事実上208頁、要件事実30講209頁

１　概　要

⑴　貸した金を返してくれないので、その返還を求める訴訟です。貸金契約は、正確には、消費貸借契約といいます（民法587条）。みなさんが金融機関からお金を借りると、その契約書にも「金銭消費貸借契約書」と記載されているはずです。

⑵　消費貸借については、実体上の解釈が分かれており、どのような解釈をするかによって、訴訟物や請求原因が異なります。

司法研修所民事裁判教官室は、消費貸借契約を継続的な契約と捉えています。消費貸借契約が成立すると、貸主と借主との間に「消費貸借契約関係」（＝貸主が借主にお金を貸し続けている状態）が発生し、貸金の弁済期が到来すると、消費貸借契約が終了し、貸主には、それまで貸し続けていた金員の返還請求権が発生すると考えます。

これに対し、判例（大判昭和５年６月４日民集９巻595頁）や、学説（中田裕

康・契約法（第4版）362頁（2020年、岩波書店）、新版注釈民法4巻778頁（2015年、有斐閣）等）は、全く違う解釈をします。例えば100万円の消費貸借契約が成立すると、貸主には、借主に対する「100万円の支払請求権」が直ちに発生し、弁済期が到来するまで、この請求権を行使することができないと考えます。他方、借主には何の請求権も発生しません。片方当事者（＝借主）だけが債務を負う「片務契約」であると考えるのです。

2　訴訟物

⑴　消費貸借契約が成立すると直ちに金員の支払請求権が発生するという判例や学説によると、本訴訟の訴訟物は「消費貸借契約に基づく貸金返還請求権」となります。

他方、司法研修所民事裁判教官室の見解によると、消費貸借契約の終了によって貸金返還請求権が発生しますから、本訴訟の訴訟物は、「消費貸借契約の終了に基づく貸金返還請求権」となります。

▶もっとも、司研・新問研38頁は、訴訟物を「消費貸借契約に基づく貸金返還請求権」としています。実は、司法研修所民事裁判教官室は、従前、消費貸借契約の法的性質について異なる見解（いわゆる貸借型理論）を採用しており、その見解に従えば、訴訟物はこのとおりになるものです。その後、法的性質についての見解を変更したにもかかわらず、訴訟物の表記を変更し忘れているのです。

訴訟物	消費貸借契約に基づく貸金返還請求権 （又は、消費貸借契約の終了に基づく貸金返還請求権）

【記載例】　請求の趣旨

> 被告は、原告に対し、100万円を支払え。

【記載例】　よって書き

> よって、原告は、被告に対し、本件消費貸借契約（の終了）に基づき、元金100万円の支払を求める。

(2) 現実の訴訟では附帯請求がされるのが通常です。その場合、請求の趣旨は、主請求である貸金返還請求に続けて、附帯請求である利息請求や損害賠償請求を記載します。

▶附帯請求については本節Ⅴで詳しく学びます。

【記載例】 請求の趣旨（主請求及び附帯請求）

被告は、原告に対し、120万円及びうち100万円に対する令和元年6月20日から支払済みまで年8％の割合による金員を支払え。

▶元本が100万円、利息が20万円の場合です。

3 請求原因その1――要物契約としての消費貸借契約の場合

ア 概 要

以下、司法研修所民事裁判教官室の見解に従って、貸金返還請求権の発生要件を見てみましょう。この見解によると、消費貸借契約が成立したことのみならず、それが終了したことも必要となります。

イ 消費貸借の成立

消費貸借の冒頭規定である民法587条は、「消費貸借は、①当事者の一方が種類、品質及び数量の同じ物をもって返還をすることを約して②相手方から金銭その他の物を受け取ることによって、その効力を生ずる。」と定めています（丸数字は筆者挿入）。

このうちの②によると、借主が、貸主から実際にお金を受け取ったことが、消費貸借契約の成立のために必要です。

通常の契約は、冒頭規定に定められた内容の「合意」をすれば成立します。売買契約もそうでした。ところが、消費貸借契約は例外です。「合意」をするだけでは足りず、貸主が借主に現実にお金を貸すことが必要なのです。このように、合意だけでは足りずに、金員の交付等をも必要とする契約を「要物契約」といいます。

また、上記の①によると、消費貸借契約が成立するためには、借主が、貸主から受け取ったのと同額の金員を貸主に返還することを約束することが必要ということになります。

したがって、消費貸借契約が成立するためには、①金員の返還約束の合意をしたことと、②貸主が借主に金員を交付したことが必要ということになります。

ウ　契約の終了原因その１――弁済期の定めがある場合

消費貸借契約が成立すれば直ちに貸金返還請求権が発生するとの見解であれば、請求原因は「消費貸借契約の成立」のみで足りますが、司法研修所民事裁判教官室の見解では、貸金の弁済期（＝返済期限）が到来して消費貸借契約が終了しなければ貸金返還請求権は発生しないというのですから、消費貸借契約の成立に加え、貸金の弁済期が到来したことも貸金返還請求権の発生要件となります。また、その前提として、当該消費貸借契約において弁済期を定めたことも必要となります。

▶もっとも、司研・事実記載例集24頁は、令和２年に発売されたものであるにもかかわらず、以上の説明とは異なる、従前の司法研修所民事裁判教官室の見解（貸借型理論）に従った請求原因を掲げています。

抽象的要件	主要事実の例
金銭の返還約束の合意	原告は、被告に対し、令和２年３月４日、1000万円を貸し付けた。
金員の交付	
弁済期の合意	原告と被告は、上記合意に際し、弁済期を令和２年５月20日と定めた。
弁済期の到来	令和２年５月20日は到来した。

▶金銭の返還約束の合意と金員の交付を併せて「貸し付けた。」と記載するのが通例です。

エ　契約の終了原因その２――弁済期の定めがない場合

⑴　消費貸借契約の中には、弁済期の定めがないものがあります。「当事者が返還の時期を定めなかったときは、貸主は、相当の期間を定めて返還の催告をすることができ」ます（民法591条１項）。

要するに、この場合の貸主は、借主に対し、「いついつまでに返してくださいね」と催告をして、その日が到来すれば、お金を返してもらえるということです。

ところが、大審院の判決（大判昭和５年１月29日民集９巻97頁）によって、この条文は書き換えられてしまいました。催告をする際に「相当の期間を定め」る必要はないことにしました。そして、催告をした後に「客観的に相当な期間」の末日が到来すれば、貸金の返還請求ができることにしたのです。

そこで、貸主は、「催告」をし、それから「客観的相当期間の末日が到来」すれば、貸金返還請求をすることができます。

▶なお、「客観的に相当な期間」が、どの程度の長さの期間であるかは、金額などにもよりけりです。

⑵　司法研修所民事裁判教官室は、弁済期の定めがない場合、上記の客観的相当期間の末日が到来した時に消費貸借契約が終了し、貸金返還請求権が発生すると考えます。

そこで、この場合の貸金返還請求権の発生要件は、消費貸借が成立したことに加え、①当該消費貸借契約には弁済期がないこと、②貸主が借主に返還の催告をしたこと、③客観的相当期間の末日が到来したことが必要となりますが、このうち①は、消極的事実ですから、これが要件から外れ、その反対事実（＝弁済期の合意があること）が抗弁に回ります。

抽象的要件	主要事実の例
金銭の返還約束の合意	原告は、被告に対し、令和２年１月20日、1000万円を貸し付けた。
金員の交付	

催告	原告は、被告に対し、令和３年１月20日、上記貸金を支払うよう催告した。
客観的相当期間の末日の到来	令和３年１月29日が到来した。

４　請求原因その２――諾成契約としての消費貸借契約の場合

⑴　平成29年改正前の民法の条文には、要物契約としての消費貸借契約しかありませんでしたが、同改正により、貸し借りの合意をしただけで契約が成立するタイプの消費貸借契約の規定が新設されました。それが民法587条の２第１項です。

⑵　同項は、「①書面でする消費貸借は、②当事者の一方が金銭その他の物を引き渡すことを約し、③相手方がその受け取った物と種類、品質及び数量の同じ物をもって返還をすることを約することによって、その効力を生ずる。」と規定しています（丸数字は筆者挿入）。

そこで、この消費貸借契約が成立するためには、②貸主が借主に金員を交付することの合意と、③借主が交付を受けたのと同額の金員を返還することの合意が必要となるほか、①の冒頭にあるように、これらの合意が「書面」でされることが必要です。

つまり、このタイプの消費貸借契約は、要物契約ではないため「金員の交付」は不要であるものの、「書面」でされなければ契約が成立しないということです。

⑶　また、借主は、貸主から金員の交付を受けた場合に限り、それと同額の金員の返還義務を負います（③の「受け取った」との文言はそのことを表しています。）。したがって、諾成的消費貸借契約が成立しただけでは貸金返還請求権は発生せず、借主が貸主から金員の交付を受けたことも同請求権の発生要件となります。

⑷　以上によると、諾成的消費貸借の場合の本訴訟の請求原因は次のようになります。

ア　弁済期の定めがある場合

抽象的要件	主要事実の例
諾成的消費貸借契約の成立	原告と被告は、令和2年3月4日、原告が被告に1000万円を交付し、被告がそれを返還するとの合意を書面でした。
金員の交付	原告は、被告に対し、令和2年3月5日、上記合意に基づき、1000万円を交付した。
弁済期の合意	原告と被告は、上記合意に際し、弁済期を令和2年5月20日と定めた。
弁済期の到来	令和2年5月20日が到来した。

イ　弁済期の定めがない場合

抽象的要件	主要事実の例
諾成的消費貸借契約の成立	原告と被告は、令和2年3月4日、原告が被告に1000万円を交付し、被告がそれを返還するとの合意を書面でした。
金員の交付	原告は、被告に対し、令和2年3月5日、上記合意に基づき、1000万円を交付した。
催　告	原告は、被告に対し、令和3年1月20日、上記貸金を支払うよう催告した。
客観的相当期間の末日の到来	令和3年1月29日が到来した。

V　附帯請求

参考文献：司研・類型別4頁、司研・事実記載例集5頁、大島・要件事実上202頁、要件事実30講186頁

1　概　要

(1)　金銭の支払を求める訴訟では、当該金銭の支払請求のほかに、「附帯請求」というものがされるのが一般です。

▶物の明渡し・引渡しを求める訴訟でも、これがされることがあります。

例えば、金銭の贈与契約が成立し、当該贈与金の支払期限が到来しましたが、贈与者が、受贈者（＝贈与を受ける者）に対し、贈与金の支払をしなかったとします。

この場合、受贈者は、贈与者を被告として、贈与金の支払を求める訴訟を提起することができますが、その際、贈与金請求と共に、「附帯請求」として、支払期限までに贈与金が支払われなかったことによって発生した損害の賠償請求がされるのが通常です。

⑵　附帯請求は、主請求（上記の例の場合は贈与金支払請求）とは別個独立の請求です。一つの訴訟で二つの請求をしていることになります。

2　附帯請求の具体例その１

⑴　受贈者が、贈与者に対し、贈与金100万円の支払請求訴訟を提起し、主請求と附帯請求をする例を見てみましょう。

⑵　贈与者は、支払期限までに贈与金を支払う債務を負っています。しかしこの債務を履行しませんでした。「債務不履行」です。

債権者（受贈者）は、この債務不履行により損害を被った場合、債務者（贈与者）に対し、その損害の賠償をすることができます（民法415条１項）。

附帯請求の訴訟物	債務不履行に基づく損害賠償請求権

⑶　支払期限までに贈与金の支払がされなかったことで、受贈者には損害が発生しています。請求できる損害賠償額は、法律（民法419条１項）で決まっています。

もし、支払期限までに贈与金が支払われていたら、受贈者は、そのお金を運用して（＝他人に貸し付けるなどして）、利息を稼げたはずです。ところが贈与金の支払がされなかったため、この利息収入が得られませんでした。そこで、そのことが損害となります。

利息の法定利率は、現在は年３％です（民法404条２項）。そこで、支払期限の翌日以降の年３％の利息相当額が原則的な損害とされます。そして、この損害は、実際に贈与金が支払われるまで発生し続けます。

例えば、支払期限が令和元年６月20日であれば、令和元年６月21日から、実際に贈与金が支払われるまで（＝「支払済みまで」）、年３％の利息相当額の損害賠償請求ができるというわけです。

【記載例】　請求の趣旨（「　」内が附帯請求の部分）

被告は、原告に対し、100万円及び「これに対する令和元年６月21日から支払済みまで年３％の割合による金員」を支払え。

3　附帯請求の具体例その２

次に、売買代金支払請求訴訟において主請求と附帯請求をしている場合を見てみましょう。

売買代金支払請求の附帯請求については特別な規定があります。「買主は、引渡しの日から、代金の利息を支払う義務を負う」との規定であり（民法575条２項）、司法研修所民事裁判教官室は、この規定にいう「利息」は「遅延損害金」の意味であると解しています。

この規定によると、買主は、売買代金の支払期限が経過したというだけでは、「利息」（＝遅延損害金）の支払義務を負わず、目的物の「引渡し」を受けて初めて、この義務を負うことになります。

そこで、附帯請求の起算日は、売買代金の支払期限の翌日と、目的物の引渡日の、いずれか遅い方の日ということになります。

4　附帯請求の具体例その３

貸金返還請求訴訟では、附帯請求として、上記の損害賠償請求に加え、弁済期到来前（弁済期の定めがない場合は、客観的相当期間の末日の到来前）の利息の請求もされることもあります。消費貸借契約では利息の支払の合意（民法589条１項）をするのが通常だからです。この請求の訴訟物は「利息契約に基づく利息請求権」です。

▶訴訟物は、貸金返還請求権、利息契約に基づく利息請求権、債務不履行に基づく損害賠償請求権の三つになります。

5　附帯請求の定義

⑴　附帯請求とは、主たる請求と同じ事実関係から生じた「果実、損害賠償、違約金又は費用」を、主たる請求と同一の訴えで請求する場合をいいます（民事訴訟法9条2項参照）。

主な附帯請求	遅延損害金請求 利息請求

⑵　訴えを提起する際には、請求額に応じた手数料が必要ですが、主請求と共にする附帯請求については、この「請求額」に算入されません（民事訴訟法9条2項）。

▶主請求の手数料だけでよく、附帯請求の手数料は不要ということです。

6　備考：付随的申立て

⑴　訴状の「請求の趣旨」には、主請求と附帯請求のほかに「付随的申立て」が記載されるのが通常です。

⑵　その代表例は、訴訟費用の負担の裁判の申立てです。当該訴訟に要した費用を被告に負担させることを求めるものです。

⑶　そのほかに、仮執行宣言の申立て（民事訴訟法259条）というものがされることがあります。判決において仮執行宣言がされると、その判決が確定する前であっても、その判決に基づいて強制執行をすることができます。原告の勝訴判決がされても、それが控訴されてしまえば、判決は未確定のままですが、その間に被告がその所有する財産を処分してしまうおそれもあります。仮執行宣言がされれば、速やかに、被告の財産に強制執行をかけることができるというわけです。そこで、原告としては、裁判所に対し、仮執行宣言をするよう申し立てるのが通常です。

第2節　契約に基づく請求訴訟における抗弁

Ⅰ　弁済、代物弁済、免除の抗弁

1　概　要

本節では、契約に基づく請求訴訟でよく現れる抗弁を見ていきたいと思います。

あなたは、原告から、売買代金100万円の支払請求訴訟を提起されているとします。

2　弁済の抗弁

参考文献：司研・新問研49頁、司研・類型別9頁、司研・事実記載例集29頁、大島・要件事実上86頁、要件事実30講177頁

売買代金の支払を請求された被告は、その代金は既に支払済みであることを抗弁とすることができます。

代金を支払えば、売買代金請求権は、その目的を達して消滅します（民法473条）から、この抗弁は消滅の抗弁です。

抽象的要件	主要事実の例
当該債務の履行として、債権者に対する給付がされたこと	被告は、令和元年6月20日、原告に対し、本件売買代金債務の履行として100万円を弁済した。

▶弁済は、債務者以外の第三者がすることもできます（民法474条1項）。そのため、上記の抽象的要件では、弁済の主体を限定していません。

3　代物弁済の抗弁

参考文献：司研・類型別124頁、司研・事実摘示記載例集33頁、大島・要件事実上109頁、要件事実30講235頁

ア　概　要

100万円の売買代金債務を負っているあなたは、100万円の金員を支払う

代わりに、あなたの所有している甲土地を売主に譲渡する（＝売主に所有権を移転する）こともできます。もちろん、売主が、そういう弁済の仕方を了解した場合です。これを代物弁済といいます。

イ　要　件

⑴　代物弁済は民法482条に規定されています。「①債務者の負担した給付に代えて他の給付をすることにより債務を消滅させる旨の契約をした場合において、②当該他の給付をしたときは、その給付は、弁済と同一の効力を有する。」という趣旨の規定です。

そこで、この①、②の要件を満たせば、その給付につき「弁済と同一の効力」が発生し、売買代金支払請求権は消滅します。消滅の抗弁となるものです。

⑵　上記の①は、債務者の負担した給付（上記例では金員100万円の支払）に代えて、他の給付（上記例では甲土地の所有権の移転）をする旨の合意をすることであり、代物弁済契約と呼ばれます。売主と買主との間で、代金100万円の支払に代えて甲土地の所有権を売主に移転することの合意をすれば、代物弁済契約が成立します。

⑶　上記の②は、「他の給付をした」ことであり、上記例では、甲土地の所有権を売主に移転させたことです。

当該土地の所有権を確実に売主に移転させなければなりません。不動産の場合、売主の所有権移転登記がされれば、その土地が確実に売主のものになりますから、買主は、当該土地に売主の所有権移転登記をするための登記手続に協力しなければならず、この登記がされて初めて「他の給付をした」ということができます（最判昭和39年11月26日民集18巻9号1984頁、最判昭和40年4月30日民集19巻3号768頁参照）。

また、上記代物弁済契約をした際に、買主が当該土地を所有していたことが必要であることもいうまでもありません。そうでなければ、当該土地の所有権を買主から売主に移転することはできないからです。

抽象的要件	主要事実の例
代物弁済の合意	被告は、原告との間で、令和元年6月20日、本件売買代金債務の弁済に代えて、甲土地の所有権を移転するとの合意をした。
上記合意の際、代物を弁済者が所有	被告は、上記合意の際、甲土地を所有していた。
上記合意に基づき、代物である不動産の所有権移転登記がされたこと	被告は、原告に対し、令和元年6月23日、上記合意に基づき、甲土地につき所有権移転登記手続をした。

⑷ 以上のとおり、代物弁済が弁済と同一の効力を持つためには、上記の②まで具備する必要があります。

ところで、面白いことに、代物の所有権は上記の①だけで債権者に移転すると解されています。上記の例でいえば、代物弁済の合意がされただけで甲土地の所有権は売主に移転するということです。

請求権の消滅という法律効果を発生させるための法律要件は①と②が必要ですが、所有権移転という法律効果を発生させるための法律要件は①だけで足りるということです。

4 免除の抗弁

参考文献：司研・事実記載例集31頁

債権者が当該債務を免除するとの意思表示をすると、当該債務は消滅します（民法519条）。消滅の抗弁となるものです。

抽象的要件	主要事実の例
債権者による免除の意思表示	原告は、被告に対し、令和2年4月20日、本件売買代金債務を免除するとの意思表示をした。

Ⅱ　消滅時効の抗弁

参考文献：司研・新問研24頁、司研・類型別35頁、司研・事実記載例集30頁、大島・要件事実上92頁、要件事実30講369頁

1　概　要

あなたは売買代金債務者です。

債権者から代金の支払請求を５年以上されなければラッキーです。売買代金支払請求権を時効消滅させることができるからです。

2　要　件

ア　概　要

債権が時効消滅するためには、消滅時効が完成（下記イ）し、かつ、それが援用（下記ウ）されなければなりません。

イ　消滅時効の完成

⑴　債権の消滅時効が完成するのは次のいずれかの場合です。

a　主観的消滅時効

「債権者が権利行使をすることができることを知った時から５年間（権利を）行使しないとき」（民法166条１項１号）

b　客観的消滅時効

「権利を行使することができる時から10年間（権利を）行使しないとき」（民法166条１項２号）

⑵　例えば、売買代金支払請求権は売買契約成立時に発生します。そして、代金の支払期限がなければ、売主は、同請求権を直ちに行使することができます。

そこで、この場合、同請求権を「行使をすることができる」のは売買契約成立時ということになります。また、売主は、売買契約成立時に、そのことを「知っ」ています。

したがって、主観的消滅時効の起算点は売買契約成立時となり、売主が同請求権を行使しないまま５年が経過すれば、消滅時効が完成するというわけです。

⑶　例えば、売買契約締結日が令和２年３月３日であれば、その翌日（民法140条）である同月４日の５年後である令和７年３月３日（民法143条２項）に主観的消滅時効が完成します。

⑷　条文上は、権利を「行使しないとき」に消滅時効が完成するのですが、「行使をしない」というのは消極的事実です。消極的事実の立証は「悪魔の証明」と呼ばれ、その立証が困難と考えられていることから、立証の公平の見地から、これを発生要件から外し、その反対事実である「権利を行使したこと」が障害要件に回ると考えられています。

▶ドイツ民法でも、消極的事実の証明には特別な困難性が伴いがちであることから、それをできるだけ回避しようとしていました（春日偉知郎・判タ350号125頁）。

つまり、本来の法律要件は、「起算点から５年間、権利を行使しなかった」というものなのですが、これを「①起算点から５年が経過したこと、②その間に権利を行使しなかったこと」の二つに分解し、このうち、①のみを消滅時効の抗弁の要件とし、②の反対事実（＝権利を行使したこと）を再抗弁に回すのです。

ウ　時効の援用

消滅時効は、それにより利益を受ける者が、その利益を享受する旨の意思の表明をしなければならず、これを「時効の援用」といいます（民法145条）。

実は、母法であるドイツ民法では、「時効の抗弁権」は、請求権に対し、その履行を拒絶する抗弁の一つでした（坂田宏・民商法雑誌110巻４・５号813頁）。同時履行の抗弁のように、裁判所に対し、「この抗弁を行使するとの意思の表明」が必要とされており、これが日本民法に入ってきた後も、裁判所に対し、この抗弁を行使する意思の表明としての「援用」が必要とされていたのです。

ところが、「援用」は、裁判所に対してするのではなく、時効により不利益を受ける者に対してするという結論が帰結される判例（最判昭和61年３月17日民集40巻２号420頁）が現れたことから、それ以来、司法研修所民事裁判教官室は、「援用」は裁判所に対する意思の表明ではなく、時効により不利益を受ける者に対する実体上の意思表示であると解しています。

▶もっとも、この判例は、判例変更の手続を踏んでおらず、また、特殊事例にすぎないことから、その先例的意義に疑問を示す見解も根強くあります（例えば、内田貴・民法Ⅰ（第４版）323頁（2008年、東京大学出版会）、山本敬三・民法総則（第３版）597頁（2011年、有斐閣））。

抽象的要件	主要事実の例
権利行使できるようになり、それを知ったこと	（この要件の具備は、請求原因で明らかになっているのが通常である）
それから５年の経過	令和５年１月20日は経過した。
時効の援用	被告は、原告に対し、令和５年３月20日、上記時効を援用するとの意思表示をした。

3　再抗弁その１――時効の完成猶予又は更新

５年（又は10年）間の消滅時効期間の進行中に、その進行が一時ストップすることや、リセットされ最初からリスタートすることもあります。時効の完成猶予又は更新です。

これらの事由があると、消滅時効は完成せず、請求権の時効消滅という法律効果も発生していなかったことになります。そこで、これらの事由は、この法律効果の発生を障害するものとして、障害の再抗弁となります。

例えば、あなたが、ある債権の消滅時効期間の進行中に、その債権があることを承認してしまうと、消滅時効期間はリセットされ、振出しに戻ってしまいます（民法152条１項）。同項は「時効は、権利の承認があったときは、その時から新たにその進行を始める。」と規定しています。

抽象的要件	主要事実の例
消滅時効完成前の債務の承認	被告は、原告に対し、令和３年５月20日、本件売買代金債務を承認した。

4　再抗弁その2――時効の援用権の喪失

上記3の「時効の更新」は、消滅時効期間の進行中に、債務者が債務を承認した場合でした。では、消滅時効が完成した後に、債務者が債務の承認をした場合はどうなるでしょう。

この場合、債務者は、もはや当該消滅時効の援用ができなくなると考えられています（最判昭和41年4月20日民集20巻4号702頁）。

消滅時効が完成しているにもかかわらず債務者が債務の存在を認めたのですから、債権者としては、もはや債務者は消滅時効の援用はしないと思ったことでしょう。それにもかかわらず、その後も債務者が消滅時効を援用できるのでは、債権者に酷だからです。

そこで、債務者が、消滅時効期間経過後に債務の承認をしていたのであれば、その後にされた「時効の援用」は無効になります。

▶援用を「裁判所に対する意思の表明」と解する見解では、もはやこの意思の表明ができないということになります。

請求権の時効消滅という法律効果も発生していなかったことになりますから、障害の再抗弁となります。

抽象的要件	主要事実の例
消滅時効の完成後・援用前に、債務を承認したこと	被告は、原告に対し、令和5年2月20日、本件売買代金債務を承認した。

Ⅲ　同時履行の抗弁

参考文献：司研・類型別8頁、司研・事実記載例集27頁、大島・要件事実上103頁、要件事実30講174頁

1　概　要

売買契約は当事者「双方」に債務を負わせます。そういう契約を「双務契約」といいます。買主は代金を支払う債務を負い、売主は目的物を引き渡す債務などを負います。

双方が債務を負っているのに、自分だけ履行して相手方に逃げられてしま

えば馬鹿を見ることになります。そこで、相手方が、自らの債務の履行の提供をしないまま、こちらにだけ債務の履行を請求してきた場合、その請求を拒絶することができます。これが同時履行の抗弁権です（民法533条）。

2　要　件

⑴　民法533条は「①双務契約の当事者の一方は、②相手方がその債務の履行（債務の履行に代わる損害賠償の債務の履行を含む。）を提供するまでは、自己の債務の履行を拒むことができる。③ただし、相手方の債務が弁済期にないときは、この限りでない。」と定めています（丸数字は筆者挿入）。

⑵　まず、被告が、「双務契約の当事者の一方」でなければなりません（①）。しかし、このことは、請求原因で既に明らかになっていることです。

例えば、売買代金支払請求訴訟では、請求原因において、被告と原告との間で売買契約が成立したことが現れますから、それで十分です。

抗弁は、請求原因を前提としますから、抗弁において同じことを重ねて主張立証する必要はありません（第２章第２節Ⅰ３参照）。

⑶　②は、その旨の意思の表明を裁判所に対してする必要があります。本抗弁は、権利抗弁だからです（その詳細は、第２章第２節Ⅵを参照してください）。

抽象的要件	主要事実等の例
被告が双務契約の当事者の一方であること	（請求原因で現れているのが通常）
履行を拒絶する意思の表明	「被告は、原告が甲ぬいぐるみを引き渡すまでは、代金の支払を拒絶する」

3　再抗弁：反対債務が弁済期にないこと

上記２の③は「ただし書」ですから再抗弁に回ります（第２章第２節Ⅳ参照）。原告の債務の弁済期が未到来であるならば、原告には自己の債務の履行をする義務がありませんから、被告としても、「原告も自分の債務を履行すべきである」とは言えないということです。

もっとも「弁済期が到来していないこと」は消極的事実ですから、そのまま再抗弁の要件とすべきではありません。

そこで、「原告の債務の弁済期が到来していないこと」という要件を、「①原告の債務には弁済期があること、②その弁済期が到来していないこと」に分解し、そのうちの①だけを再抗弁に残し、②の反対事実（＝弁済期が到来したこと）が再々抗弁に回ると考えられています。

抽象的要件	主要事実の例
反対債務に弁済期があること	原告と被告は、本件売買契約締結の際、甲ぬいぐるみの引渡期限を令和10年1月20日と定めた。

4　主　文

同時履行の抗弁は、変わった抗弁です。抗弁を提出しても100％の防御はできないのです。同時履行の抗弁が認められると、裁判所は、原告の請求を棄却するのではなく、引換給付判決というものをします。

「被告は、原告が甲ぬいぐるみを引き渡すのと引換えに、原告に対し、100万円を支払え。」という主文です。

そのため、被告は、原告から甲ぬいぐるみを引き渡されてしまえば、その代金を支払わなければならないことになります。当たり前のことですが。

Ⅳ　相殺の抗弁

参考文献：司研・類型別34頁、司研・事実記載例集24頁、大島・要件事実上167頁、要件事実30講411頁

1　概　要

(1)　あなたは、甲土地の売買代金1000万円の支払請求訴訟の被告です。

あなたが、原告に対する債権を有していれば、それを使って相殺をすることができます。

その場合、あなたの債権を「自働債権」といい、原告の債権を「受働債権」といいます。

相殺をする者が有している債権	自働債権
相殺される者が有している債権	受働債権

⑵　例えば、あなたは、原告に乙パソコンを50万円で売ったことで、原告に対する50万円の売買代金債権を有しているとします。

あなたが、この債権を使って相殺をすると、あなたの債権と原告の債権が、共に、その対当額で消滅します。

原告の債権額が1000万円、あなたの債権額が50万円ですから、原告の債権は950万円になり、あなたの債権は全部消滅します。

⑶　訴訟物である請求権を相殺によって消滅させるものですから、相殺の抗弁は消滅の抗弁になります。

▶訴訟物の一部だけ消滅をする「一部消滅の抗弁」になることもあります。

2　要　件

ア　自働債権の発生原因

相殺をするためには、自働債権が発生していなければなりません。

例えば、自働債権が売買代金債権であれば、その発生原因は「売買契約の成立」となります。

イ　相殺の意思表示

相殺は、訴訟においてする場合であっても、相手方に対する意思表示によってするというのが、現在の実務です。

▶これに対し、判例は、上記相殺は裁判所に対する意思の表明によってするとしています（長沢幸男・最高裁判所判例解説平成10年度版上507頁）。

この意思表示は、口頭弁論期日等の期日においてすることもできます。例えば、その旨を記載した準備書面を口頭弁論期日で陳述するなどです。

▶この場合、これから相殺をするわけですから、準備書面には「相殺をする。」などと現在形で記載します。他方、既に訴訟外でされた相殺の意思表示を主張する場合は、下記記載例のように、「相殺をした。」と過去形で記載します。

ウ　反対債務の履行又はその提供（自働債権が双務契約に基づくものである場合）

あなたの自働債権は、乙パソコンを原告に50万円で売ったことによる売買代金債権です。しかし、あなたが乙パソコンを原告に引き渡しておらず、その履行の提供もしていなかったとしたら、原告はあなたへの代金の支払を拒絶できるはずです。原告は同時履行の抗弁権（民法533条）を有しているからです。

そこで、あなたが、上記の売買代金債権を用いて相殺をするためには、それに先立って、原告に乙パソコンを引き渡すか、又は、その履行の提供をしていなければなりません（大判昭和13年３月１日民集17巻318頁）。そうしなければ、あなたの相殺によって、原告の同時履行の抗弁権は一方的に失われてしまうからです。

このように、自働債権が双務契約に基づくものである場合、その反対債務の履行をしたか、又は、その提供をしたことが、相殺の要件となっています。

抽象的要件	主要事実の例
1　自働債権の発生原因	被告は、原告に対し、令和元年６月20日、乙パソコンを代金50万円で売った。
（2　反対給付の履行又はその提供（自働債権が双務契約に基づく場合））	被告は、原告に対し、令和元年６月20日、上記売買契約に基づき、乙パソコンを引き渡した。
3　相殺の意思表示	被告は、原告に対し、令和元年７月20日、上記代金債権をもって、原告の本訴請求債権とその対当額で相殺するとの意思表示をした。

3　再抗弁：相殺禁止の合意

当事者間で相殺禁止の合意をしていたのであれば、当該相殺は無効となります（民法505条２項参照）。相殺による法律効果（請求権の消滅）は発生していなかったことになりますから、これが障害の再抗弁となります。

4　抗弁の判断順序

被告が、相殺の抗弁を含む、複数の抗弁を提出している場合、その中で最も被告に不利なのが相殺の抗弁です。相殺の抗弁は自働債権の消滅という犠牲を伴うものだからです（民事訴訟法114条２項参照）。

そこで、裁判所は、相殺の抗弁以外の抗弁の成否から先に判断し、相殺の抗弁以外の抗弁の成立がどれも認められなかった場合に初めて、相殺の抗弁の成否を判断します。

5　相殺の抗弁が提出できない訴訟類型

あなたは、交通事故を起こし、被害者に重傷を負わせてしまいました。被害者から提起された損害賠償請求訴訟（身体の侵害による損害の賠償を求める訴訟）において、被告であるあなたは、相殺の抗弁を提出することができません。被害者保護の見地から、人の生命又は身体の侵害による損害賠償債権に対しては、相殺が禁止されているからです（民法509条２号）。

第3節　契約に基づく請求訴訟（中級編）

I　代理人が締結した契約に基づく請求訴訟

参考文献：司研・類型別47頁、司研・事実記載例集39頁、大島・要件事実上129頁、要件事実30講285頁

1　概　要

⑴　あなたは、Aさんとの間で、リンゴ10個を1000円で買う契約を締結しました。この契約の効力は、あなたとAさんに生じます。契約の効力は契約をした当事者間に生じるのが原則です。

⑵　では、あなたが、Bさんの代理人として、上記の契約の締結をした場合はどうでしょうか。この場合は、契約の効力は、AさんとBさんに及び、あなたには及びません。Aさんには、Bさんに対する売買代金支払請求権が発生しますが、あなたに対するそれは発生しません。

このように、契約の効力が、契約当事者以外の者に及ぶことを「他人効」をいいます。他人効も「法律効果」の一つです。

2　有権代理

⑴「他人効」という法律効果が発生するための法律要件が民法99条1項に定められています。

この法律要件を具備しなければ、他人効は発生しませんから、あなたとしてはBさんの代理人のつもりで契約をした場合であっても、契約をしたあなた自身にその契約の効力が及ぶことがあります（民法100条、117条1項）。

⑵　民法99条1項は、「代理人が、①その権限内において、②本人のためにすることを示してした意思表示は、本人に対して直接にその効力を生ずる。」と規定しています（丸数字は筆者挿入）。

そこで、あなたが、Bさんの代理人として契約を締結する際には、①Bさんからその代理をすることの権限を授与されていなければならず、また、あ

なたは、当該契約を締結する際に、②自分がBさんのために契約する旨を示さなければならないということになります（この②を「顕名」といいます）。これらの要件を満たせば、他人効が生じます。すなわち、当該契約の効力が、あなたには及ばず、Bさん本人に及ぶということです。

他人効の発生要件	・本人から代理権を授与されたこと ・顕名（＝代理人として契約をすることを示したこと）

(3)　あなたは、Bさんの代理人となって、Aさんとの間で、リンゴ10個を1000円で買う契約を締結しました。

Aさんが、Bさんに対し、1000円の売買代金の支払を請求する訴訟を提起した場合の請求原因について考えてみましょう。

ⅰ売買代金支払請求権の発生要件は「売買契約の成立」です。また、ⅱ売買契約の効力をBさんに及ぼすための要件は「Bが当該売買契約締結の代理権をあなたに授与したこと」と「あなたがBのためにすることを示して売買契約を締結したこと（＝顕名）」です。ⅰとⅱの二つの法的三段論法が組み合わさっていることになります。

そこで、この訴訟の請求原因は次のようになります（あなたをCと表記します）。

抽象的要件	主要事実
売買契約の成立	Cは、令和元年６月20日、原告から、リンゴ10個を1000円で買った。
顕名	Cは、上記売買契約締結の際、被告のためにすることを示した。
代理権の授与	被告は、Cに対し、令和元年６月10日、上記売買契約締結の代理権を授与した。

３　追　認

もし、Bさんが、あなたに対し、上記売買をすることの代理権を授与していなかったとしても、売買契約締結後に、事後的にこれを授与することができます。これが追認です（民法113条１項）。

追認があれば、他人効が事後的に生じるため、上記売買の効力があなたではなくBさんに生じることになります。

上記2と同様の訴訟における請求原因は、「代理権の授与」がない代わりに「追認」が加わりますから、次のようになります。

抽象的要件	主要事実
売買契約の成立	Cは、令和元年6月20日、原告から、リンゴ10個を1000円で買った。
顕名	Cは、上記売買契約締結の際、被告のためにすることを示した。
追認	被告は、原告に対し、令和元年7月20日、上記売買契約を追認するとの意思表示をした。

4　代理権授与表示

もし、Bさんが、あなたに対し、上記売買をすることの代理権を授与しておらず、また、上記売買の追認もしなかったとしても、Bさんが、当該売買契約をする前に、Aさんに対し、あなたに代理権を授与したかのような表示をしたときは、当該契約の効力がBさんに及びます。代理権の授与表示です(民法109条1項)。

上記2と同様の訴訟における請求原因は、「代理権の授与」がない代わりに「代理権の授与表示」が加わりますから、次のようになります。

抽象的要件	主要事実
売買契約の成立	Cは、令和元年6月20日、原告から、リンゴ10個を1000円で買った。
顕名	Cは、上記売買契約締結の際、被告のためにすることを示した。
代理権の授与表示	被告は、上記売買契約締結に先立ち、原告に対し、Cにその代理権を授与した旨を表示した。

Ⅱ　譲り受けた債権に基づく請求訴訟

参考文献：司研・類型別135頁、司研・事実記載例集10頁、大島・要件事実上411頁、要件事実30講420頁

1　概　要

(1)　Yに対する売買代金債権が売りに出されていました。これを買い取ったあなたは、Yに対し、当該売買代金の支払を求めることができるようになります。

このように、債権は、売買などの目的財産になります。債権を売買したり贈与したりすることを「債権譲渡」といいます。債権を譲渡した人を「債権譲渡人」といい、譲り受けた人を「債権譲受人」といいます。

(2)　もともとは、AがYに甲建物を1000万円で売ったものでした。AはYに対し1000万円の売買代金債権を有しています。あなたは、Aから、この売買代金債権を800万円で買い取ったものとします。

(3)　あなたは、さっそく、Yに対し、1000万円の売買代金支払請求訴訟を提起してみることにしました。Yが全額払ってくれれば、あなたは200万円も儲かることになります。逆に、既にYが破産していたりしたら、あなたは800万円の大損です。

2　訴訟物

あなたは、Yに対する売買代金支払請求権を有していますから、これに基づいて、Yに対し、売買代金支払請求訴訟を提起することができます。

この請求権は、原告と被告との間の契約に基づいて発生したものではありませんから、訴訟物の書き方は、いつもとは異なり、契約当事者が誰であるかを明示します。

訴訟物	A・被告間の売買契約に基づく売買代金支払請求権

【記載例】　請求の趣旨

> 被告は、原告に対し、1000万円を支払え。

3 請求原因

本訴訟は、二段階の法的三段論法になっています。

一段階目では、Aと被告との間の売買契約の成立により、Aの被告に対する売買代金債権が発生します。

次に、二段階目では、あなたとAとの間の売買契約の成立により、売買代金債権の主体がAからあなたに移転します。

そこで、あなたの被告に対する売買代金支払請求権の発生原因としては、この二段階の両方が必要となります。

抽象的な要件	主要事実
債権の発生原因	Aは、被告に対し、令和元年６月20日、甲建物を代金1000万円で売った（以下「本件売買契約１」という。）。
債権の移転原因	Aは、原告に対し、令和元年７月21日、上記売買代金債権を代金800万円で売った（以下「本件売買契約２」という。）。

4 譲渡禁止の合意に関する抗弁その１

⑴ 被告としては、Aが債権者だとばかり思っていました。ところが、債権が譲渡され、あなたが債権者になっていました。Aが債権者のままであれば、訴訟を起こされるまでのことはなかったかもしれません。

そこで、こういうことを防ぐために、被告は、当該債権の譲渡の禁止を、Aとの間で合意をすることができます。譲渡禁止の合意です。

⑵ 譲渡禁止の合意がされたことを、あなたが知っていた場合（＝悪意）、被告は、あなたに対しては、売買代金の支払を拒むことができます。これが民法466条３項による支払拒絶権です。

あなたが、大変な不注意（＝重過失）により、上記合意がされたことを知らなかった場合も同じです（民法466条３項）。

被告は、あなたの売買代金支払請求権の存在を認めながらも、その履行を拒絶することができるというのですから、この抗弁は、伝統的な権利抗弁

＝阻止の抗弁（第２章第２節Ⅵ参照）と同様のものと解することができます。そこで、履行を拒絶する意思の表明が必要となります。

抽象的要件	主要事実
譲渡制限の意思表示	被告は、Ａとの間で、本件売買契約１を締結した際、その代金債権の譲渡を禁止するとの合意をした。
債権譲受人の悪意又は重過失	原告は、本件売買契約２を締結した際、上記譲渡禁止の合意を知っていた。
履行拒絶の意思の表明	「被告は、原告に対し、本件売買契約１に基づく代金債務の履行を拒絶する。」

⑶　では、あなたが悪意又は重過失であった場合、被告は、売買代金を、誰にも支払わないでよいことになるのでしょうか。そんなはずはありません。あなたに支払わなくてもよいのであれば、そのときは、Ａに支払わなければなりません（その後、Ａがあなたに支払います）。

そこで、この場合、あなたは、被告に対し、「Ａに支払え」という催告をすることができます。この催告がされたのに、相当な期間が経過しても、被告がＡに売買代金を支払わなかった場合、被告は、あなたに支払わなければならなくなります。その場合、被告は、上記⑵の支払拒絶権を行使することもできなくなります（民法466条４項）。上記⑵の法律効果の発生を障害するものですから、障害の再抗弁となります。

抽象的要件	主要事実
譲渡人に支払うことの催告	原告は、被告に対し、令和元年８月20日、本件売買契約１に基づく代金債務をＡに支払うよう催告した。
相当期間の経過	令和元年９月１日が経過した。

５　譲渡禁止の合意に関する抗弁その２

上記４の抗弁の提出は、被告にとっては、結構ハードルが高いものです。原告の主観面（悪意）又は大変な不注意の有無を、被告の方で立証しなければならないからです。原告側の事情ですから、それを被告が立証できるとは限りません。被告は、Aと原告の双方から支払請求訴訟を提起され、両方敗訴するおそれすらあります。そこで、譲渡禁止の合意がされた債権が譲渡されてしまった場合、被告は、当該債務を供託所に供託することで責任を免れられるようになっています（民法466条の2第1項）。この供託により、原告の被告に対する売買代金支払請求権は消滅しますから、この供託は消滅の抗弁となります。

抽象的要件	主要事実
譲渡制限の意思表示	被告は、Aとの間で、本件売買契約1を締結した際、その代金債権の譲渡を禁止するとの合意をした。
債務者による供託	被告は、令和元年8月20日、○○法務局に、供託番号同年度金第○号をもって、1000万円を、本件売買契約1に基づく代金債務の弁済のため供託した。

6　債務者保護のための抗弁

債権譲渡には、債務者保護のための抗弁があり、それは第4章第2節Ⅲで取り扱います。

Ⅲ　保証債務履行請求訴訟

参考文献：司研・類型別43頁、司研・事実記載例集6頁、大島・要件事実上216頁、要件事実30講321頁

1　概　要

⑴　歌手の島倉千代子さんは、10億円を超える債務の保証人になってしまい、大変な目に遭いました。

⑵　ここでは、あなたが、売買契約の買主の保証人になった場合を例にしましょう。

買主は売買代金債務を負っていますが、それとは別に、あなたは「保証債務」を負います。買主は「主債務者」と呼ばれ、その債務は「主債務」と呼

ばれます。

主債務（売買代金債務）	債権者　売主 債務者　買主

保証債務	債権者　売主 債務者　保証人

(3)　買主は、目的物の引渡しを受けたにもかかわらず、代金の支払期限までに代金を支払いませんでした。そこで、債権者は、あなたに対して保証債務の履行を請求してきました。

2　訴訟物

(1)　売主は、買主との間で売買契約を締結し、あなたとの間では保証契約を締結します。この保証契約の成立により、売主のあなたに対する保証債務の履行請求権が発生します。

(2)　訴訟物のネーミングですが、最高裁判所は、昭和の後半までは「保証債権」と呼称していましたが、その後、「保証債務履行請求権」と呼称するようになり、現在では、それが定着しています。

(3)　買主は、目的物の引渡しを受けたにもかかわらず、代金の支払期限までに代金を支払いませんでしたから、売主は、買主に対する、債務不履行に基づく損害賠償請求権（＝遅延損害金債権）も有していますが、売主は、あなたに、それを請求することもできます。

保証人は、元本債務のみならず、その利息債務や遅延損害金債務も保証するものだからです（民法447条１項）。

保証人に対し、売買代金と遅延損害金を一度に請求する場合でも、１個の保証契約に基づく保証債務の履行請求をするものですから、訴訟物は１個になります。その中に元本と遅延損害金の両方が含まれているということです。

訴訟物	保証契約に基づく保証債務履行請求権

【記載例】 請求の趣旨

> 被告は、原告に対し、100万円及びこれに対する令和元年7月20日から支払済みまで年3％の割合による金員を支払え。

【記載例】 よって書き

> よって、原告は、被告に対し、上記保証契約に基づき、100万円及びこれに対する令和元年7月20日から支払済みまで年3％の割合による遅延損害金の支払を求める。

3 請求原因

(1) 保証債務履行請求権の発生要件として、「主債務の発生原因」と「保証契約の成立」が必要と考えられています。

(2) まず必要なのは主債務の発生です。主債務が発生していなければ、保証債務も発生しないと考えられています。これを「保証債務の成立における付従性」といいます。

▶もっとも、そうではなく、「主債務が発生していないこと」を保証債務履行請求権の発生の障害要件と位置付けることも可能です。

例えば、主債務が売買代金債務であれば、その発生原因である「売買契約の成立」が必要です。

(3) 次に、保証契約の成立が必要です。実は、保証契約についての「冒頭規定」はありません。そこで、「保証人が主債務の保証をすること」を債権者と保証人が合意したことで保証契約が成立すると考えられています。もっとも、保証契約は、書面（又は電磁的記録）でしなければ、その効力を生じないとされています（民法446条2項、3項）から、保証契約書などの書面（又は電磁的記録）によって保証契約が締結されたことが必要です。

抽象的要件	主要事実の例
主債務の発生原因	原告は、Aに対し、令和元年6月20日、甲土地を代金1000万円で売った。
保証契約の成立	被告は、原告に対し、令和元年6月20日、上記売買代金債務を保証した。 上記保証は書面による。

4　抗　弁

ア　概　要

本訴訟の抗弁にはいろいろなものがありますが、その中で、主債務に関する抗弁を取り上げてみましょう。

イ　主債務が消滅した場合

主債務が消滅すると、保証債務も消滅します。これを「保証債務の消滅における付従性」などといいます。

そこで、主債務の消滅原因（例えば、主債務者による主債務の弁済、相殺等）が、保証債務履行請求権を消滅させるものとして、消滅の抗弁になります。

抽象的要件	主要事実の例
主債務の弁済	Aは、原告に対し、令和元年7月20日、本件売買代金債務の履行として1000万円を弁済した。

ウ　主債務者が反対債権を有している場合

(1)　主債務者が、債権者に対する債権を有しているとします。主債務者がこれを用いて相殺をしてくれれば、保証債務も消滅します。ところが、主債務者が相殺をしてくれません。そういう場合、保証人は、債権者に対し、この相殺によって主債務が消滅する限度で、保証債務の履行を拒絶することができます。

これを定めたのが民法457条3項です。「主たる債務者が債権者に対して相殺権、取消権又は解除権を有するときは、これらの権利の行使によって主たる債務者がその債務を免れるべき限度において、保証人は、債権者に対して債務の履行を拒むことができる。」と規定しています。

(2) 拒むかどうかは被告次第ですから、被告は、拒む場合は、その旨を明らかにする必要があります。そして、拒めば、その履行を拒絶することができるというのですから、この抗弁は、伝統的な権利抗弁＝阻止の抗弁（第2章第2節Ⅵ参照）と同じように考えることができます。そこで、履行を拒絶する意思の表明が必要と考えられています。

抽象的要件	主要事実の例
主債務者の反対債権の発生原因	原告は、Aに対し、令和元年7月20日、500万円を贈与した。
履行拒絶の意思の表明	「被告は、原告に対し、Aが原告に対して有する上記贈与金債権500万円を自働債権とし、本件売買代金債権1000万円を受働債権として、その対当額において相殺することにより、Aが本件売買代金債務の支払を免れるべき限度で、保証債務の履行を拒絶する。」

(3) 主債務者が、主債務の発生原因である契約の取消権又は解除権を有しているのに、これを行使しない場合も、同様の構造となります。

Ⅳ 請負報酬支払請求訴訟

参考文献：司研・類型別195頁、大島・要件事実上399頁、要件事実30講231頁

1 概 要

あなたは大工さんです。Yさんから、1000万円で家を建ててくれと注文を受け、その家を完成させましたが、Yさんは請負報酬を支払ってくれません。そこで、Yさんを被告として、請負報酬1000万円の支払請求訴訟を提起することにしました。

2 訴訟物

請負報酬支払請求権は、請負契約が成立すると直ちに発生します（大判昭和5年10月28日民集9巻1055頁）。請負人がその仕事を完成させたときに発

生するのではないかと思われたかもしれませんが、そうではありません。

請負契約成立時に請負報酬支払請求権を発生させておけば、それを、将来債権ではなく、通常の債権として、仕事が完成する前から、譲渡したり、担保の対象にしたりすることができるからです。

訴訟物	請負契約に基づく請負報酬支払請求権

【記載例】　請求の趣旨

> 被告は、原告に対し、1000万円を支払え。

【記載例】　よって書き

> よって、原告は、被告に対し、上記請負契約に基づき、請負報酬1000万円の支払を求める。

3　請求原因

⑴　請負報酬支払請求権は、請負契約の成立により発生します。

請負の冒頭規定である民法632条は「請負は、当事者の一方がある仕事を完成することを約し、相手方がその仕事の結果に対してその報酬を支払うことを約することによって、その効力を生ずる。」と規定しています。

そこで、請負契約が成立するためには、①請負人が当該仕事を完成させることの合意と、②その対価として注文主が報酬を支払うことの合意が必要です。

上記の例でいえば、あなたがＹさんの家を建てること、その報酬としてＹさんがあなたに対し1000万円を支払うことを合意すれば、請負契約が成立することになります。

⑵　訴訟物である請負報酬支払請求権の発生要件は以上です。ところが、本訴訟の請求原因はこれで終わりではありません。さらに「仕事の完成」が必要とされています。というのは、請負人の仕事の完成債務は、注文者の請負報酬債務よりも先に履行しなければならない（大判大正13年６月６日民集３巻265頁）とされているからです。そのため、請負報酬債務の履行を求め

る際には、仕事の完成債務が先に履行されていることを明らかにしなければならないというわけです。

▶本来は、被告が、請負報酬支払請求権の存在を認めた上で、「先履行義務である仕事の完成債務が履行されていない」ことを阻止の抗弁として提出するという構造になるところなのですが、「仕事の完成債務が履行されていない」という消極的事実を立証させるのは酷であるため、その反対事実である「仕事の完成債務が履行されたこと」を原告に立証させることにしたものです。

以上により、本訴訟の請求原因は次のとおりとなります。

抽象的要件	主要事実の例
請負契約の成立	原告は、被告から、令和元年6月20日、別紙物件目録記載の建物の建築工事を報酬1000万円で請け負った。
仕事の完成	原告は、令和元年9月20日、上記工事を完成させた。

(3)　ちなみに、本訴訟の請求原因に「仕事の完成」を加える理由について、司法研修所民事裁判教官室は沈黙しています。

▶司研・類型別は、移転型、貸借型の契約の要件事実のみを扱っており、その発表後、司法研修所民事裁判教官室は、請負契約のような役務型契約の要件事実の検討をしていたのですが、あいにく、要件事実教育の主体がロースクールに移行した時期と重なり、その研究成果はお蔵入りになってしまったのです。

▶なお、大島・要件事実上399頁は、「仕事の完成」が請負報酬支払請求権の「行使要件」であるという説明をしますが、請負報酬支払請求権に限って「行使要件」などという特別な要件を突然観念することについての理論的根拠の説明は何もないため、採用できません。

4　抗　弁

本訴訟で最も頻繁に現れる抗弁は、請負人が建築した建物が欠陥住宅であったことによって注文主に発生した損害賠償請求権との相殺、すなわち「契約不適合に基づく損害賠償請求権との相殺」の抗弁です。

完成した家が、欠陥住宅であり、請負契約の内容と適合していない（＝契約不適合）場合、修理をしなければなりませんから、その修理代という損害が発生します。注文者は、請負人に対し、この損害賠償請求権（民法415条1項）を自働債権とする相殺をすることができます。

抽象的要件	主要事実の例
仕事の目的に契約不適合があること	本件建物のサッシ窓の窓枠には一次防水がされていなかった。
注文者に損害が発生したこと	被告は、令和元年10月20日、上記一次防水の補修をするのに50万円を支出した。
相殺の意思表示	被告は、原告に対し、令和元年12月20日、上記損害賠償請求権をもって、原告の本訴請求債権とその対当額で相殺するとの意思表示をした。

5　役務型契約

請負、委任、寄託契約は、まとめて、役務型契約と呼ばれています。

これらの契約においては、契約の成立（及びそれに伴う報酬合意の成立）によって直ちに報酬支払請求権が発生するにもかかわらず、報酬支払請求訴訟の請求原因は、契約の成立（及びそれに伴う報酬合意の成立）だけでは足りず、「当該役務をしたこと」が加わる点で共通しています。

V　契約解除の抗弁

参考文献：司研・類型別11頁、司研・事実記載例集12・34頁、大島・要件事実上177頁、要件事実30講167頁

1　概　要

⑴　契約に基づく請求訴訟では、契約に基づく請求権が訴訟物になりますが、契約が解除されると、この請求権は消滅します。当該契約の解除が「消滅の抗弁」になるということです。

⑵　「契約を解除する」とは、契約の当事者のいずれかに解除権が発生している場合に、その当事者がその解除権を行使するということです。

「解除権を行使する」とは、相手方当事者に対し、解除の意思表示をすることです（民法540条1項）。

[契約当事者の一方に解除権が発生]
その当事者が解除の意思表示　→　当該契約に基づく請求権の消滅

⑶　解除権を行使するためには、それに先立って、解除権が発生していなければなりません。

解除権の発生原因の例として、契約に基づく債務の履行不能と履行遅滞を見てみましょう。

2　履行不能解除

⑴　あなたは、Aさんから、甲土地を1000万円で買いました。そのため、あなたは、Aさんから、この売買代金の支払請求訴訟を提起されています。

⑵　ところが、Aさんは、甲土地をBさんにも売ってしまい、甲土地にはBさんの所有権移転登記がされてしまいました。これでは、甲土地にあなたの所有権移転登記をすることはできません。

不動産の売主は、当該不動産に買主の所有権移転登記をする債務を負います（民法560条）が、Aさんがあなたに対してこの債務を履行することは、もはや無理です（履行不能）。

⑶　Aさんの上記債務が履行不能となったことで、あなたには、上記契約の解除権が発生しました。履行不能を理由とする解除権です（民法542条1項1号）。

そこで、あなたが、Aさんに対し、当該売買契約を解除するとの意思表示をすれば、訴訟物である売買代金支払請求権は消滅します。

抽象的要件	主要事実の例
債務の履行不能	原告は、令和2年3月13日、甲土地にBの所有権移転登記をした。
解除の意思表示	被告は、原告に対し、令和2年6月20日、本件売買契約を解除するとの意思表示をした。

3　原始的不能解除

⑴　あなたは、Aさんから、甲建物を1000万円で買いました。そのため、あなたは、Aさんから、この売買代金の支払請求訴訟を提起されています。

⑵　ところが、実は、甲建物は、上記売買がされた日よりも前に、火事により焼失していたのです。これでは、Aさんは、あなたに、甲建物を引き渡すことができません。

⑶　不動産の売主は、当該不動産を買主に引き渡す債務を負いますが、Aさんがこの債務を履行することは、最初から不可能であったのです（原始的不能）。

⑷　Aさんの債務が履行不能であった場合、あなたには、契約の解除権が発生します。履行不能を理由とする解除権です（民法542条1項1号）。

そこで、あなたが、Aさんに対し、当該売買契約を解除するとの意思表示をすれば、訴訟物である売買代金支払請求権は消滅します。

⑸　平成29年改正前の民法では、原始的不能の場合は、履行不能とは別の規律がされていました。しかし、同改正により、原始的不能についても履行不能と同様に扱うことになったものです。

抽象的要件	主要事実の例
債務の履行不能	本件売買契約の目的である甲建物は、令和元年6月5日、火災のため焼失した。
解除の意思表示	被告は、原告に対し、令和元年10月20日、本件売買契約を解除するとの意思表示をした。

4　履行遅滞解除

⑴　あなたは、Aさんから、甲建物を1000万円で買いました。そのため、あなたは、Aさんから、この売買代金の支払請求訴訟を提起されています。

⑵　ところが、Aさんは、令和2年1月20日までにあなたに甲建物を引き渡すことを合意していたにもかかわらず、同日が過ぎても、この引渡しをしなかったのです（履行遅滞）。あなたは、同日に、代金1000万円を準備して、Aさんがいる甲建物に行ったにもかかわらず、Aさんは代金を受け取ろうと

せず、甲建物の鍵をあなたに渡すこともしなかったのです。

⑶　このように、「当事者の一方がその債務を履行しない場合」、あなたは、Aさんに対し「相当の期間を定めてその履行の催告をし、その期間内に履行がないときは、」あなたに契約の解除権が発生します（民法541条）。履行遅滞を理由とする解除です。

相当期間を定めた催告 相当期間内に債務の履行がされなかった	→	契約の解除権が発生

つまり、あなたに契約の解除権が発生するためには、①甲建物の引渡期限を令和２年１月20日と定めたこと、②その期限までにAさんが引渡債務を履行しなかったこと、③そのため、あなたが、Aさんに対し、相当期間を定めて、甲建物を引き渡すよう催告をしたこと、④それから相当期間が経過したが、結局、甲建物は引き渡されなかったことが必要ということになります。

以下、この②～④について詳しく見ていきます。

⑷　まずは、②の「Aさんが甲建物の引渡債務を期限までに履行しなかったこと」です。

ア　「引渡債務を履行しなかった」というのは消極的事実です。消極的事実の立証は悪魔の証明といわれており、立証が困難であるため、立証の公平を図るべきであるというのは、既に述べたところです。

そこで、「令和２年１月20日までに甲建物の引渡債務を履行しなかったこと」を、「ⅰ　令和２年１月20日が経過したこと、ⅱ　同日までに甲建物の引渡債務を履行しなかったこと」に分解し、そのうち、ⅱについては、本抗弁の要件から外し、その反対事実（＝同日までに甲建物の引渡債務を履行したこと）を再抗弁に回します。本抗弁で必要なのはⅰだけということになります。

イ　もっとも、あなたが1000万円の代金の支払又はその提供をしていないのであれば、Aさんは、あなたに甲建物を引き渡す必要はありません。Aさんには同時履行の抗弁権（民法533条）があるからです。この場合、引渡債務の履行をしないAさんを非難することはできません。そのため、あなたが、Aさんの履行遅滞を主張して契約を解除するためには、あなたが、Aさんに対し、1000万円の代金の支払の提供をしておく必要があります。

▶同時履行の抗弁権には、「存在効」があり、それを覆滅させておく必要があるなどといわれています。

そこで、条文にはありませんが、「あなたが代金の支払の提供をしたこと」が要件に加わることになります。

▶あなたは、Aさんに対し、1000万円の代金の支払の提供をしたのですが、Aさんは受け取らなかったのです。

ウ　以上によると、②の関係では、「令和２年１月20日が経過したこと」と、「あなたが、Aさんに、売買代金1000万円の支払の提供をしたこと」が必要になります。

(5)　次に③、④の「相当期間を定めた催告をしたこと」、「相当期間内に債務が履行されなかったこと」です。

実は、これらの要件を定めた民法541条は、最高裁判所の判決（最判昭和29年12月21日民集８巻12号2211頁）によって、書き換えられてしまいました。

催告をする際に「相当の期間を定め」る必要はないことになりました。そして、催告をした後に「客観的に相当な期間」が経過すれば、解除権が発生することにしたのです。

▶なお、「客観的相当期間」がどれくらいの長さの期間であるのかは、その事案によりけりです。

この判例により、③、④は、「催告をしたこと」、「客観的相当期間内に債務が履行されなかったこと」と変容したのです。

また、この場合の「履行がされなかったこと」は消極的事実ですから、これが要件から外れ、その反対事実が抗弁に回ります。そこで、④は、さらに変容し、単に「客観的相当期間が経過したこと」となります。

結局、③、④は、「催告をしたこと」と「客観的相当期間が経過したこと」に変容しましたから、③あなたが、Aさんに対し、甲建物を引き渡すよう催告をしたことと、④その催告の日から、客観的に、甲建物の引渡しに必要とされる期間が経過したことで足りることになります。

(6)　以上により、あなたには契約の解除権が発生しましたから、あなたが、Aさんに対し、契約を解除するとの意思表示をすれば、訴訟物である売買代金支払請求権は消滅します。

抽象的な要件	主要事実の例
債務の履行期限の約定	原告と被告は、本件売買契約締結の際、甲建物の引渡期限を令和２年１月20日と定めた。
債務の履行期限の経過	令和２年１月20日は経過した。
反対債務の履行の提供	被告は、令和２年１月20日、売買代金1000万円を持参して甲建物に赴き、原告に対しその受領を求めた。
催告	原告は、被告に対し、令和２年２月20日、甲建物の引渡しを催告した。
客観的相当期間の経過	令和２年２月27日は経過した。
解除の意思表示	被告は、原告に対し、令和２年３月１日、本件売買契約を解除するとの意思表示をした。

Ⅵ　賃貸借の終了に基づく土地明渡請求訴訟

参考文献：司研・新問研120頁、司研・類型別99頁、司研・事実記載例集15頁、大島・要件事実上357頁

1　概　要

(1)　あなたはＹさんに土地を貸して賃料を得ていましたが、その土地を返してもらおうと思い、Ｙさんを被告として訴訟を提起しました。賃貸目的物の返還請求訴訟です。

(2)　賃貸借契約は「継続的契約」です。継続的契約とは、成立すると、その終了原因が生じるまで存続する契約のことです。

賃貸借契約の成立によって生じる法律効果は、賃貸人と賃借人との間の継続的な「賃貸借関係」の発生です。これにより賃借人に発生する権利群の総称が「賃借権」です。

(3)　賃貸借契約においては、「契約が終了したときに賃借人が目的物を賃貸人に返還すること」も合意します。

そこで、賃貸借契約が終了すると、この合意、すなわち賃貸借契約に基づいて、賃貸人には、賃借人に対する「賃貸目的物の返還請求権」が発生します。

請求権の発生時期が、契約成立時ではなく、契約終了時になるのが、売買などの場合とは異なるところです。

2　訴訟物

訴訟物	賃貸借契約の終了に基づく目的物返還請求権としての土地明渡請求権

【記載例】　請求の趣旨

被告は、原告に対し、甲土地を明け渡せ。

【記載例】　よって書き

よって、原告は、被告に対し、上記賃貸借契約の終了に基づき、甲土地の明渡しを求める。

(1)　継続的契約の終了時に発生する請求権のネーミングは、「○○契約の終了に基づく……請求権」とする「慣用」が定着しています。

(2)　不動産の賃貸借契約が終了すると、賃借人は、当該不動産の返還義務を負いますが、ここでいう返還とは、当該不動産を、借りた時の状態に戻した（＝原状に回復した）上で返還するという意味です。当該不動産から自分の荷物などを撤去し、自分自身も退去した上で、当該不動産を返還しなければなりません。つまり、当該不動産の「明渡義務」を負うということです。

▶「明渡し」とは、「引渡し」の一種であり、不動産から占有者が退去し不動産内にある動産等を全て撤去して引き渡すという意味です。

▶ちなみに、賃借目的物が動産であれば、当該動産の「引渡義務」を負います。

3　請求原因

ア　賃貸借契約の成立

賃貸借契約の成立により、原告と被告との間に継続的な賃貸借関係が成立します。

賃貸借の冒頭規定である民法601条によると、賃貸借契約が成立するには、①賃貸人が賃借人に賃貸目的物を一定期間使用収益させること、②その対価として賃借人が賃料を支払うこと、③契約が終了したときは賃借人が賃貸人に賃借目的物を返還することの各合意が必要です。

もっとも、実務上は、賃貸借契約の成立の主張をする際は、①～③を全て含めたものとして、「甲土地を賃料月額20万円で賃貸するとの合意をした」などという簡潔な記載をするのが通例です。

イ　賃貸物の引渡し

賃貸借契約が成立すると、賃貸人は賃借人に対し、目的物を引き渡さなければなりません。この引渡しがされていなければ、当然ながら、賃貸借契約が終了しても、賃貸人には、賃借人に対する賃貸目的物の返還請求権が発生しません。

ウ　賃貸借の終了原因その1

賃貸借契約の終了により、賃貸目的物の返還請求権が発生します。

賃貸借契約の終了原因には様々なものがありますが、例えば、賃貸期間を定めていた場合、その期間の経過により賃貸借契約が終了し、賃貸目的物の返還請求権が発生します。

抽象的な要件	主要事実の例
賃貸借契約の成立	原告は、被告との間で、令和元年6月20日、甲土地を、賃料月額20万円で賃貸するとの合意をした。

目的物の引渡し	原告は、被告に対し、令和元年６月20日、上記賃貸借契約に基づき、甲土地を引き渡した。
賃貸借契約の終了原因	原告と被告は、上記賃貸借契約の締結の際、賃貸期間を令和６年３月20日までと合意したところ、同日は経過した。

エ　賃貸借の終了原因その２

賃貸期間を定めていなかった場合、賃貸人は、賃貸借契約の解約の申入れをすることができます。例えば、土地の賃貸借の場合、解約の申入れから１年が経過すると、賃貸借契約が終了し（民法617条１項１号）、賃貸人に、賃貸目的物の返還請求権が発生します。

▶なお、この場合、「賃貸期間を定めていなかったこと」も本来要件になるところですが、消極的事実であるため、これが要件ではなくなり、その反対事実（＝賃貸期間の定めがあること）が抗弁に回ります。

抽象的な要件	主要事実の例
賃貸借契約の成立	原告は、被告との間で、令和元年６月20日、甲土地を、賃料月額20万円で賃貸するとの合意をした。
目的物の引渡し	原告は、被告に対し、令和元年６月20日、上記賃貸借契約に基づき、甲土地を引き渡した。
賃貸借契約の終了原因	原告は、被告に対し、令和５年１月20日、上記賃貸借契約の解約申入れの意思表示をしたところ、令和６年１月20日は経過した。

４　建物所有目的の抗弁

⑴　土地の賃貸借の中には、賃借人が、その土地上に、自宅などの建物を建てるためにされるものがあります。「建物所有目的」の土地賃貸借です。

そして、その場合の賃借人は、昔から強く保護されてきました。そのための特別法が作られ、現在は、それが借地借家法に受け継がれています。

借地借家法は、「建物所有を目的とする土地の賃貸借」の賃貸期間は、最低30年と定めており（同法３条）、それよりも短い賃貸期間の合意を無効としています（同法９条）。賃借人が短期間で追い出されてしまうことを防いでいるのです。

⑵　建物所有を目的とする土地の賃貸借契約であるにもかかわらず、賃貸期間を５年などの短期間に限定する契約がされ、その期間が経過したことを理由に、賃借土地の明渡しを求められた場合、賃借人は、当該賃貸借が、建物所有を目的とするものであり、借地借家法が適用されることを抗弁として主張することができます。

この抗弁が認められると、当該賃貸借の賃貸期間は30年となります。５年が経過しただけでは、賃貸借は終了しておらず、賃貸目的物の返還請求権も発生していなかったことになります。そこで、この抗弁は障害の抗弁となります。

抽象的な要件	主要事実の例
建物所有目的の合意	原告と被告は、本件賃貸借契約に際し、甲土地を、被告が建築する予定の自宅の敷地として使用することを合意した。

⑶　賃貸借契約において賃貸期間が定められていなかったため、請求原因において、賃貸借契約の「解約」が主張された場合も同様です。当該賃貸借が建物所有を目的とするものであれば、賃貸期間が30年となりますから、解約の申入れは無効になります。解約の申入れをすることができるのは、賃貸期間の定めのない賃貸借に限られるからです。賃貸借は終了しておらず、賃貸目的物の返還請求権も発生していなかったことになりますから、この抗弁は障害の抗弁となります。

5　貸借型契約

⑴　賃貸借契約、使用貸借契約は、いずれも継続的契約であり、「貸借型

契約」と呼ばれています。

⑵　消費貸借契約については、見解が分かれていますが、司法研修所民事裁判教官室は、これを継続的契約と解しており、貸借型契約に含めています。

Ⅶ　賃貸借の終了（賃料不払解除）に基づく建物明渡請求訴訟

参考文献：司研・類型別113頁、大島・要件事実上347頁、要件事実30講246頁

1　概　要

マンションの賃借人が賃料を支払ってくれません。大家であるあなたは、賃貸借契約を解除して、そのマンションを返してもらうことにしました。賃貸物の返還請求訴訟です。

2　訴訟物

⑴　賃貸借の終了に基づいて建物の「明渡し」を求めることができるのは、土地の場合と同様です。

訴訟物	賃貸借契約の終了に基づく目的物返還請求権としての建物明渡請求権

【記載例】　請求の趣旨

> 被告は、原告に対し、甲建物を明け渡せ。

【記載例】　よって書き

> よって、原告は、被告に対し、上記賃貸借契約の終了に基づき、甲建物の明渡しを求める。

⑵　本節Ⅵでは説明を省略しましたが、賃貸借の終了に基づく賃貸物明渡（又は引渡）訴訟でも、附帯請求がされるのが通常です。

賃借人は、賃貸借が終了すると、賃借目的物の返還義務を負いますから、その終了日の経過により、同義務の履行遅滞（民法412条１項）となり、それによって発生した損害の賠償義務を負うことになります（民法415条１項）。

賃貸人は、目的物が返還されていれば、それを他人に貸して賃料収入を得ることもできたところです。それが得られなくなったのですから、当該目的物の賃料相当額の損害が発生したということができます。

そこで、例えば、当該目的物の相当賃料額が月額20万円であれば、賃貸借終了日の翌日以降、１か月当たり20万円の損害が発生したことになります。この損害は「明渡済み」まで（＝賃借人が賃貸人に賃借目的物を明け渡すまで）発生し続けます。

【記載例】　請求の趣旨

> １　被告は、原告に対し、甲建物を明け渡せ。
> ２　被告は、原告に対し、令和２年１月20日から上記明渡済みまで１か月20万円の割合による金員を支払え。

【記載例】　よって書き

> よって、原告は、被告に対し、上記賃貸借契約の終了に基づき、甲建物の明渡しと賃貸借契約終了の日の翌日である令和２年１月20日から明渡済みまで１か月20万円の割合による遅延損害金の支払を求める。

３　請求原因

▶以下、主請求についてのみ取り扱います。

⑴　賃貸借契約の終了に基づく目的物返還請求権の発生要件は、①賃貸借契約の成立、②それに基づいて賃貸人が賃借人に目的物を引き渡したこと、③賃貸借契約が終了したことの三つでしたね。今回は、③が「賃料不払を理由とする賃貸借契約の解除」になります。

⑵　賃料不払を理由とする賃貸借契約の解除とは、要は、賃料債務の履行遅滞に基づく解除（民法541条）ですから、履行遅滞に基づく解除権が発生したことと、原告がこの解除権を行使したこと（＝被告に対し、契約解除の意思表示をしたこと）が必要となります。

⑶　そこで、賃料債務の履行遅滞に基づく解除権の発生について見ていきましょう。

3 ゼロからマスターする 要件事実―基礎から学び実践を理解する

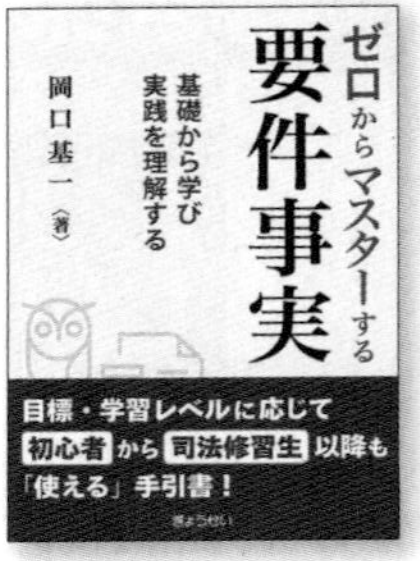

A5判・296頁
定価3,080円（税込） 送料400円

電子書籍

発行：2022年9月

「訴訟に勝つためのルール」を学べる！

- 民事訴訟法の基礎知識と要件事実の関係にも留意しつつ、結論が導かれる根拠や理由をかみ砕いて解説しており読者に好評をいただいています。

著者からのメッセージはこちら！➡

4 民事訴訟マニュアル 第3版 ―書式のポイントと実務―

上・下巻

A5判・上巻600頁・下巻616頁
セット定価11,660円（税込） 各巻定価5,830円（税込） 送料850円

裁判手続に即活用できる実践的実務書！

　ア　まず、そもそも、賃料支払債務が発生していなければ、同債務の履行遅滞という話にはなりませんから、賃料債務が発生していることを確認しておきましょう。

あなたは、賃借人に建物を引き渡していますが、その状態で、例えば、令和２年１月３日が経過すれば、その日の分の賃料が発生するというように、賃料債務は、目的物の引渡しがされた後、日々発生するものと考えられています。

したがって、目的物の引渡しさえされていれば、賃料債務の発生自体には問題がありません。

　イ　賃料の支払期限については、賃貸借契約を締結する際に当事者間で合意するのが通常です（マンションの賃貸借の場合、前の月の末日までに支払うとの合意がされることが多いようです）。

当事者間の合意がなければ、民法の規定に従います。民法614条によると、建物賃貸借の場合、賃料の支払期限は、その月の末日とされています。

　ウ　債務の履行遅滞に基づく解除権が発生するためには、ⅰ債務の履行期限（＝賃料の支払期限）が経過したこと、ⅱ原告が反対債務の履行又はその提供をしたこと、ⅲ催告をしたこと、ⅳ催告時から客観的相当期間が経過したことが必要でしたね（本節Ｖ４参照）。

このうち、ⅰについては、建物賃借人保護の見地から、１か月の賃料の不払程度で直ちに建物賃貸借契約を解除することはできず、事案にもよりますが、せめて３か月以上の賃料の不払がなければ解除することができないと解されています。例えば、令和３年４月末日、同年５月末日、同年６月末日に支払われるべき賃料がいずれも支払われなかった場合、「令和３年の４月から６月までの各末日が経過した」などと主張することになります。

ⅱについては、あなたが、当該マンションを引き渡していれば、あなたは反対債務を履行したものと考えられています。賃料債務の反対債務は、賃貸目的物を使用収益させる債務だからです。

抽象的な要件	主要事実の例
賃貸借契約の成立	原告は、被告との間で、令和元年６月20日、甲建物を、賃料月額20万円で賃貸するとの合意をした。
賃借物の引渡し	原告は、被告に対し、令和元年６月20日、上記賃貸借契約に基づき、甲建物を引き渡した。
賃料支払期限の約定	原告と被告は、上記賃貸借契約において、毎月の賃料をその前月の末日までに支払うとの合意をした。
賃料支払期限の経過	令和２年４月から同年６月までの各末日は経過した。
催告	原告は、被告に対し、令和２年８月20日、上記未払賃料を支払うよう催告した。
相当期間の経過	令和２年９月１日は経過した。
解除の意思表示	原告は、被告に対し、令和２年９月18日、上記賃貸借契約を解除するとの意思表示をした。

4　補足：賃料支払請求訴訟

ここで、賃料支払請求訴訟についても見ておきましょう。賃貸人が賃借人に対し賃料を請求する訴訟です。訴訟物は、賃貸借契約に基づく賃料支払請求権であり、請求原因は、上記３の請求原因のうち、賃貸借契約の成立、賃借物の引渡し、賃料支払期限の約定、そして、賃料支払期限の到来となります。

第4節　所有権に基づく請求訴訟

Ⅰ　所有権に基づく請求訴訟（総論、訴訟物）

参考文献：司研・新問研54頁、司研・類型別53頁、司研・事実記載例集12頁、大島・要件事実上237頁、要件事実30講336頁

1　概　要

本節では、所有権に基づく請求を見ていきたいと思います。

物の所有者は、所有権に基づいて、その物を完全に支配することができます。

この完全支配性が失われているときは、それを失わせている者に対し、完全支配性を回復するための請求ができます。これが所有権に基づく請求です。

2　所有権に基づく請求権の種類

ア　返還請求権

⑴　あなたの所有物なのに、あなた以外の者が占有（＝所持）しているときは、あなたは、所有権に基づいて、その物をその者から取り返すことができます。

あなたは、その物の完全支配者ですから、その物を占有しているはずです。あなたの占有が他人に侵害されていると考えるのです。

所有者の占有が侵害されているときに発生するのが、所有権に基づく返還請求権です。

▶ドイツ民法に先立つローマ法においても、この請求訴訟が認められていました（柚木馨・判例物権法総論416頁）。

⑵　当該物が不動産である場合、あなたには、占有者に対する、所有権に基づく返還請求権としての土地（又は建物）明渡請求権が発生します。

不動産の場合、その完全支配性を取り戻すために、単なる引渡しだけではなく、明渡しまで求めることができます。

▶「明渡し」とは、「引渡し」の一種であり、不動産から占有者が退去し不動産内にある動産等を全て撤去して引き渡すという意味です。

訴訟物	所有権に基づく返還請求権としての土地（又は建物）明渡請求権

【記載例】　請求の趣旨

> 被告は、原告に対し、甲建物を明け渡せ。

【記載例】　よって書き

> よって、原告は、被告に対し、所有権に基づき、甲建物の明渡しを求める。

(3)　当該物が動産である場合、あなたには、占有者に対し、所有権に基づく返還請求権としての動産引渡請求権が発生します。

動産の場合、そこから退去したり、動産内にある物を撤去するといったことが観念できないため、引渡しさえすれば、当該物の完全支配性が回復されます。

訴訟物	所有権に基づく返還請求権としての動産引渡請求権

【記載例】　請求の趣旨

> 被告は、原告に対し、甲ぬいぐるみを引き渡せ。

【記載例】　よって書き

> よって、原告は、被告に対し、所有権に基づき、甲ぬいぐるみの引渡しを求める。

イ　妨害排除・予防請求権

(1)　物の完全支配性は、占有の侵害以外の妨害によっても失われます。例えば、あなたの所有している土地に、他人の不実（＝虚偽）の所有権移転登記がされている場合などです。

あなたは、土地の完全支配性を回復するため、その土地の所有権に基づいて、その他人に対し、その登記の抹消手続を求めることができます。

所有権が占有侵害以外の態様で妨害されているときに発生するのが、所有権に基づく妨害排除請求権です。

▶ドイツ民法に先立つローマ法においても、この請求訴訟が認められていました（柚木・判例物権法総論423頁）。

訴訟物	所有権に基づく妨害排除請求権としての登記抹消請求権

【記載例】　請求の趣旨

被告は、甲建物につき、別紙登記目録記載の登記を抹消する手続をせよ。

【記載例】　よって書き

よって、原告は、被告に対し、所有権に基づき、上記登記の抹消手続をすることを求める。

(2)　さらに、本書では触れませんが、将来の妨害が予想される場合に、予めその予防を請求することもできます（隣の土地から土砂が崩れてきそうな場合などです）。

	返還請求権
所有権に基づく請求権	妨害排除請求権
	妨害予防請求権

3　所有権に基づく請求権の発生

あなたの隣人が、5分前まで、あなたの土地に荷物を置いてあなたの土地の完全支配性を妨害していました。しかし、今は、荷物は撤去されています。

と思ったら、また、別の荷物を置き始めました。と思ったら、またすぐに撤去しました。

あなたは、その隣人に対し、土地の所有権に基づく妨害排除請求として、その荷物の撤去を求めることができるのは、荷物が置かれているときだけです。それが撤去されているときは、あなたにはこの妨害排除請求権はありません。

このように、所有権に基づく請求権というのは、占有侵害行為や妨害行為があるという事実に基づいて、その事実があるときにだけ発生するものであるため、契約に基づく請求権とは様相が異なります。

そのため、所有権に基づく請求権は、一度発生すれば、それがそのまま存続するとは考えません。次の瞬間には妨害が止んでいるかもしれないからです。

しかし、瞬間瞬間で請求権の発生を判断するのでは大変ですから、日単位で請求権の発生を考えることにしました。妨害があった日に、その妨害を排除する請求権が発生し、その妨害が翌日まで続いていたとしても、翌日は翌日でまた新たに妨害排除請求権が発生すると考えるのです（一日が終わればその請求権は消滅します）。

▶もっとも、このような考え方には、異論もあります。

所有権に基づく請求権の発生時期	日々発生

ところで、訴訟物の基準時は口頭弁論終結日（＝現在）でしたね。所有権に基づく返還請求（又は妨害排除請求）訴訟を提起するときは、まさに口頭弁論終結日に発生した請求権が訴訟物になるということです。

訴訟物の基準時	口頭弁論終結日に発生した返還請求権（又は妨害排除請求権）

4　附帯請求

所有権に基づく返還請求訴訟では附帯請求がされるのが通常です。他人の物を占有したり妨害したりするのは不法行為ですから、不法行為に基づく損害賠償請求権が発生します。

例えば、原告の不動産が、令和２年１月20日以降、被告に占有されているとすると、同日以降の当該不動産の賃料相当額の損害が発生したということができます（もし、原告自身が占有していれば、それを他人に貸して賃料収入を得ることもできたものです）から、その賠償を求めることができます。当該不動産の相当賃料額が月額20万円であれば、被告が占有開始をした令和２年１月20日以降、１か月当たり20万円の損害が発生したことになります。この損害は「明渡済み」まで（＝被告が原告に当該不動産を明け渡すまで）発生し続けます。

【記載例】　請求の趣旨

１　被告は、原告に対し、甲建物を明け渡せ。 ２　被告は、原告に対し、令和２年１月20日から上記明渡済みまで１か月20万円の割合による金員を支払え。

Ⅱ　所有権に基づく請求訴訟（請求原因、所有権喪失の抗弁）

参考文献：司研・新問研53頁、司研・類型別54頁、司研・事実記載例集37頁、大島・要件事実上243頁、要件事実30講37頁

1　概　要

所有権に基づく返還請求（又は妨害排除請求）訴訟の請求原因では、①原告に当該物の所有権があることと、②その所有権の完全支配性が被告によって失わされていること（被告が、当該物を占有していること、又は、占有以外の態様で妨害していること）が請求権の発生要件として必要です。

訴訟物となるのは、現在（＝口頭弁論終結日）に発生した、所有権に基づく返還請求（又は妨害排除請求）権ですから、上記の①も②も、口頭弁論終結日におけるそれでなければなりません。

そのため、②は、被告が、口頭弁論終結日に、当該物を占有していること（又は、占有以外の態様で妨害していること）となります。

他方、①については、所有権が「権利」であることから、少し話が異なります。権利はいったん発生すればそのまま存続するからです。②は「事実」ですから、例えば、口頭弁論終結日の１週間前に妨害があったからといって、口頭弁論終結日にも妨害があるとは限りません。そこで、まさに口頭弁論終結日

に妨害があったことが必要となります。これに対し、①は、口頭弁論終結日の１週間前に原告が所有権を取得したことでも足ります。権利は、消滅原因が現れない限り、そのまま現在まで存続すると扱われるからです。

そこで、例えば、Ａが建築した建物を、口頭弁論終結日の１週間前に、原告が買い取ったことで、原告がその建物の所有権を取得した場合、①は、「Ａが当該建物を建築したこと」及び「原告が口頭弁論終結日の１週間前にその建物を買ったこと」でもよいことになります。

2　所有権喪失の抗弁

原告が口頭弁論終結日の１週間前に所有権を取得したことが請求原因で明らかになった場合、被告は、原告の所有権が口頭弁論終結日までに失われたことを抗弁とすることができます。例えば、原告が、口頭弁論終結日の３日前に、その物を他人に売ってしまったことです。これを所有権喪失の抗弁といいます。

原告が口頭弁論終結日の３日前に所有権を喪失していれば、所有権に基づく返還請求（又は妨害排除請求）権が口頭弁論終結日当日には発生しません。したがって、この「所有権喪失の抗弁」は、消滅の抗弁ではなく、障害の抗弁になります。請求原因段階では、口頭弁論終結日に発生したと思われていた請求権が、所有権が３日前に喪失していたため、実は発生していなかったということです。

3　所有権の主張方法

⑴　上記１の例ではＡが建物を建てていますが、実は、それが遥か昔の奈良時代に建てられたものであったとしたらどうでしょう。それが、平安時代にＢに売られ、さらにＣに売られ、……、大正時代にＸに売られ、昭和時代にＹに売られ、平成時代にＺに売られ、令和になって原告が買ったと。

この場合に、原告が、奈良時代に建物を建てたところまで遡って最初から全部主張立証しなければならないとなると、そんなことは実際には不可能ですから、所有権に基づく訴訟は提起することができないことになってしまいます。これでは、裁判を受ける権利（憲法32条）が守られているとはいえません。

⑵　そこで、実務では、所有権の主張をする場合、奈良時代から時間順に主張するのではなく、それとは真逆に、現在から主張をし始め、時間を前に遡ることにしました。

原告は、まず、現在の所有を主張します。被告がそれを認めてくれれば、これにより、原告の現在の所有が確定することにしました。

⑶　被告が、現在の原告の所有を認めない場合、時間を戻していきます。原告が１年前に所有していたことを被告が認めるのであれば、これにより、１年前の原告の所有が確定することにしました。

所有権は、権利ですから、その後の消滅原因が現れない限り、そのまま存続しているものと扱われます。

したがって、１年前の所有が確定すれば、それがそのまま存続しているものとして、現在の所有が認められることになります。もっとも、被告は、この所有権が、口頭弁論終結日までに失われたことを抗弁とすることができます。さきほどの所有権喪失の抗弁です。

⑷　被告が、原告のいつの時点の所有も認めない場合、原告の前主であるＺが平成の時代に所有していたことを主張します。これを被告が認めるのであれば、これにより、平成の時代のＺの所有が確定することにしました。

この場合、原告は、①平成の時代にＺが当該物を所有していたことを主張し、②令和の時代に原告がＺから当該物を買ったことを主張立証します。

⑸　被告が、Ｚの所有は認めないが、昭和時代のＹの所有は認めるのであれば、これにより、昭和の時代のＹの所有が確定することにしました。

この場合、原告は、①昭和の時代にＹが当該物を所有していたことを主張した上で、②Ｚが平成の時代にＹから当該物を買ったことと、③令和の時代に原告がＺから当該物を買ったことを主張立証します。

▶このように、所有の主張は、現在から過去に遡って被告が認める最新の時点の所有を主張するというのがセオリーです。ところが、司研・新問研112頁は、初学者用の教材でありながら、このセオリーとは異なる記述をしており、初学者の理解を混乱させるものとなっています。

4　権利の主張と権利自白

⑴　一般に、「主張」段階では、法律要件に該当する主要事実を主張するのが原則です。例えば、「原告は、被告に、令和２年１月20日、甲建物を100万円で売った。」という事実です。他方、「原告は、被告に対し、100万円の売買代金請求権を有している。」などという主張はできません。「売買代金請求権を有していること」は、「事実」ではなく「法律効果」だからです。

ところが、上記のとおり、所有権に限っては、例外的に「原告は当該物の所有権を有している」という主張を認めています。「所有権を有していること」が「事実」ではないにもかかわらずです。

これを認めなければ奈良時代まで遡ることになってしまうため、やむを得ず、論理的ではないことを承知で、これを認めているものです。

▶もっとも、学説の中には、これに批判的な見解もあります。

⑵「当該物の所有権を有している」というのは法律効果についての主張ですが、これを相手方当事者が認めることを「権利自白」といいます。

認否は、本来は事実の主張に対してするものですが、所有権については、権利の主張が認められているため、これを認めることもできるとしたものです。

▶もっとも、学説の中には、これに批判的な見解もあります。

Ⅲ　所有権に基づく返還請求訴訟（占有権原の抗弁）

参考文献：司研・類型別65頁、司研・事実記載例集37頁、大島・要件事実上266頁、要件事実30講261頁

1　概　要

⑴　物を、その所有者以外の者が占有していれば、所有者には占有者に対する「当該物の返還請求権」が発生すると、これまで説明してきました。しかし、これには例外があります。

⑵　例えば、あなたが、その所有する土地を他人に賃貸しているとします。その土地はあなた以外の者が占有していますが、だからといって、あなたが占有者に対しその土地の返還請求をすることはできません。占有者は、賃借

権に基づいて、その土地を適法に占有しているからです。このように適法に占有をすることができる法的根拠のことを「占有権原」といいます。

(3)　つまり、所有権に基づく返還請求をすることができるのは、実は、不法占拠者に対してだけであり、占有権原を有している者に対しては、この請求をすることができないというわけです。

そうすると、所有権に基づく返還請求権の発生要件は、①原告が当該物を所有していること、②被告が当該物を占有していること、③被告が占有権原を有していないことの三つになりそうです。

しかし、③は消極的事実です。既に何度も出てきたとおり、消極的事実については、立証の公平の見地から、その反対事実を障害要件に回すというルールがここでも該当します。

つまり、当該物を占有する権原があることは、被告が自分で主張立証すべきであるということです（最判昭和35年3月1日民集14巻3号327頁）。

これが「占有権原の抗弁」と呼ばれるものです。被告に占有権原があれば、原告には、口頭弁論終結日における返還請求権が発生しませんから、これは障害の抗弁となります。

2　占有権原が賃借権である場合

ア　概　要

(1)　代表的な占有権原は賃借権です。賃借権とは、賃貸借契約の成立により賃借人に発生する権利の総称であり、その中核をなすのが、賃借目的物の使用収益権です。

(2)　ある建物の所有者である原告が、建物の占有者である被告に対し、所有権に基づく建物の返還請求訴訟を提起したところ、これに対し、占有権原の抗弁が提出された例をみてみましょう。

訴訟物は「所有権に基づく返還請求権としての建物明渡請求権」です。

訴訟物	所有権に基づく返還請求権としての建物明渡請求権

【記載例】　請求の趣旨

被告は、原告に対し、別紙物件目録記載の建物を明け渡せ。

原告は、請求原因として、原告が当該建物を現在所有していることと、被告が当該建物を現在占有していることを主張したところ、被告はそのいずれについても認めるとの認否をしました。

［請求原因］

抽象的要件	主要事実の例
原告が当該物を現在所有	原告は、別紙物件目録記載の建物（以下「本件建物」という。）を所有している。
被告が当該物を現在占有	被告は、本件建物を占有している。

イ　占有権原の抗弁

⑴　これに対し、当該建物の賃借人が提出できるのが占有権原の抗弁です。被告は、賃借権という占有権原に基づいて当該建物を占有しているのです。この抗弁において必要な要件は二つです。

一つは、原告と被告との間で当該建物の賃貸借契約が成立したことです。これにより占有権原である賃借権が発生します。

もう一つは、賃借人である被告が、その賃貸借契約に基づいて、賃貸人である原告から、当該建物の引渡しを受けたことです。たとえ賃借人であっても、賃貸人から引渡しを受けることなく、実力でその建物の鍵をこじ開けて占有を開始したのであれば、その占有は適法なものとはいえません。賃貸人から引渡しを受けて開始した占有であって初めて適法な占有になります。そのため、この要件が必要となるものです。

抽象的要件	主要事実の例
賃貸借契約の成立	原告は、被告との間で、令和元年６月20日、本件建物を、賃料月額20万円で賃貸するとの合意をした。

賃借物の引渡し	原告は、被告に対し、令和元年６月20日、上記賃貸借契約に基づき、本件建物を引き渡した。

⑵　占有権原は、権利と同じで、一度発生すると、その消滅原因が主張されるまで存続します。

▶従来は、占有権原の抗弁における「賃借物の引渡し」による被告の占有の開始と、請求原因における「被告の現在の占有」が、民法186条２項により連結することで、被告の現在の占有が適法になると説明されていましたが、占有の継続と、占有権原は、別のことであり、このような説明は不要であると、現在では考えられています。

ウ　賃貸借契約終了の再抗弁

原被告間で賃貸借契約が成立したとしても、その契約が既に終了していれば、占有権原は既に失われていることになります。そこで、そのことが、占有権原の抗弁に対する再抗弁となります。

Ⅳ　抵当権設定登記の抹消請求訴訟

参考文献：司研・新問研111頁、司研・類型別79頁、司研・事実記載例集19頁、大島・要件事実上315頁、要件事実30講574頁

1　概　要

⑴　ここでは所有権に基づく妨害排除請求を見てみましょう。

所有権に基づく妨害排除請求とは、所有物に占有侵害以外の態様での妨害がされている場合に、所有者が、妨害者に対し、その妨害の排除を求めるものです。その代表例とされているのが登記の抹消請求訴訟です。

⑵　あなたの所有する不動産の登記を見ると、その乙区欄にＹ名義の不実（＝虚偽）の抵当権設定登記がされていました。

〈資料〉登記記録（乙区）

権利部（乙区）（所有権以外の権利に関する事項）			
順位番号	**登記の目的**	**受付年月日・受付番号**	**権利者その他の事項**
1	抵当権設定	令和２年１月20日 第39号	原　因　令和２年１月20日金銭消費貸借同日設定 債権額　金4000万円 利　息　年３％ 債務者　○○市・・　○　川　○　代 抵当権者　○○市・・　Y

これを放置しておけば、この抵当権が実行され、不動産競売にかけられ、あなたはこの不動産を失うおそれがあります。つまり、この登記があることで、あなたの所有不動産は、完全性を失っているということです。占有の侵害以外の態様での妨害がされているのです。

そこで、あなたは、この登記において抵当権者とされているYに対し、所有権に基づく妨害排除、すなわち、この登記の抹消手続をすることを求めることができます。

2　訴訟物

⑴　訴訟物は、口頭弁論終結日（＝現在）に発生した、所有権に基づく妨害排除請求権です。

⑵　抵当権設定登記を抹消するのは法務局の登記官です（不動産登記法９条）。所有者は、その登記において抵当権者とされている者と共同でなければ、この抹消の申請をすることができません（不動産登記法60条）。そこで、あなたは、Yに対し、この抹消手続をすることの協力を求めることになります。

訴訟物	所有権に基づく妨害排除請求権としての抵当権設定登記抹消請求権

▶抵当権設定登記の「抹消請求権」ではなく、抵当権設定登記の「抹消登記請求権」とする見解がありますが、「抹消登記」と「登記の抹消」は異なる概念であり、本訴訟の場合は「登記の抹消」ですから、この見解は相当ではありません（司

研・新問研86頁参照)。

【記載例】 請求の趣旨

被告は、別紙物件目録記載の土地につき、別紙登記目録記載の抵当権設定登記の抹消手続をせよ。

▶登記の抹消訴訟は、「被告は、原告に対し、」のうちの「原告に対し、」の部分を省略するのが慣例になっています。

【記載例】 よって書き

よって、原告は、被告に対し、所有権に基づき、上記抵当権設定登記の抹消手続をすることを求める。

(3) 原告勝訴の判決が確定すると、被告による登記抹消の申請が擬制されます（民事執行法177条1項）。そこで、原告は、その判決を法務局に持っていけば、被告の協力がなくとも、一人で、当該抵当権設定登記の抹消手続をすることができるというわけです。

▶なお、判決の確定によって初めて登記申請が擬制されることから、判決に仮執行宣言を付することはできないと考えられています。

3　請求原因

所有権に基づく妨害排除請求権の発生原因としては、①原告が、現在、当該不動産を所有していることと、②当該不動産に、現在、被告を抵当権者とする抵当権設定登記があることが必要です。①については、被告が原告の現在の所有を認めたものとします。

[請求原因]

抽象的な要件	主要事実の例
原告　当該不動産を現在所有	原告は、甲土地を所有している。
被告　当該不動産を現在妨害	甲土地には、被告を抵当権者とする抵当権設定登記がある。

４ 登記保持権原の抗弁

ア 概 要

所有権に基づく返還請求訴訟においては、被告の占有が権原に基づいたものであることが抗弁となりました。占有権原の抗弁です。

所有権に基づく登記の抹消請求訴訟でも同じです。当該登記が有効なものであることが抗弁となります。有効な登記であれば所有権の妨害とはいえませんから、所有者であっても、その排除を求めることができません。

当該登記が「無効であること」が、所有権に基づく妨害排除請求権の発生要件になるという考え方もあり得ますが、そうではなく、当該登記が「有効であること」を、所有権に基づく妨害排除請求権の発生障害事由にするのが、立証の公平の見地からも相当であるとされています。

これが登記保持権原の抗弁と呼ばれるものです。

イ 要 件

⑴ 有効な抵当権設定登記がある場合とは、例えば、当該不動産の所有者である原告が、被告に借金をし、その担保にするために、当該不動産に抵当権を設定した場合です。

⑵ この場合、当該抵当権設定登記が有効であるためには、原被告間で抵当権設定契約が成立したことが必要であることはいうまでもありません。原告が抵当権設定者であり、被告が抵当権者です。

⑶ また、抵当権を設定するというのですから、被担保債権（上記の例であれば貸金債権）が発生しているはずです。その発生原因事実も必要です。

▶なお、司法研修所民事裁判教官室は、貸金返還請求権が、一般的には、弁済期の到来時に発生するとしながら、本訴訟の被担保債権になる場合は、消費貸借契約の成立時に発生するとしており、矛盾がみられますが、その理由については沈黙しています（司研・新問研115頁）。もっとも、本章の章末コラムのように考えれば、この「矛盾」が解消されます。

⑷ また、抵当権設定契約を締結する際に、抵当権の設定者には、当該不動産に抵当権を設定する権限がなければなりません。

当該不動産の所有者であれば、この権限があります。所有者は、所有物を完全に支配していますから、それに抵当権を設定することも当然にできます。

そこで、当該抵当権設定契約をした際に原告が当該不動産を所有していたことも必要になります。

⑸　さらに、当該抵当権設定登記をした際の登記手続が適法であったことも必要です。この登記手続は、抵当権設定者と抵当権者が共同で行う必要があります。例えば、抵当権者が、所有者の署名押印を偽造した文書を用いるなどして、所有者に無断で抵当権設定登記をしてしまったような場合は、その登記手続が適法とはいえません。

▶なお、司研・新問研115頁は、「『当該登記が手続的に適法にされたこと』を『当該登記が抵当権設定契約に基づくこと』と表すことにします。」などと記述していますが、「登記が手続的に適法にされたこと」と「登記が抵当権設定契約に基づくこと」は、意味が全く異なります。何の補足説明もなしに、このような記述をしても、読者は理解できないでしょう。

	抽象的な要件	主要事実の例
1	当該抵当権の被担保債権の発生原因	被告は、原告に対し、令和元年6月20日、100万円を貸し付けた。
2	当該抵当権の設定契約の成立	原告と被告は、令和元年6月20日、原告の1の債務を担保するため、甲土地に抵当権を設定するとの合意をした。
3	2の際の設定者の設定権限	原告は、2の際、甲土地を所有していた。
4	当該登記が手続的に適法	（この要件具備に争いがない場合は主張が省略されるのが通常です）

5　再抗弁

⑴　被担保債権が、弁済、消滅時効等により消滅していれば、それに伴って抵当権も消滅します。その場合、当該抵当権設定登記を保持する権原は、もはやありませんから、このことが再抗弁となります。

⑵　また、当該抵当権設定契約が解除されたことも、同様の理由で、再抗弁になります。

抽象的要件	主要事実の例
当該抵当権設定契約の解除	原告と被告は、令和２年３月23日、本件抵当権設定契約を解除するとの合意をした。

Ⅴ　所有権に基づく請求訴訟（二重譲渡）

参考文献：司研・新問研78頁、司研・類型別63頁、司研・事実記載例集37頁、大島・要件事実上249頁、要件事実30講40頁

１　概　要

Ａさんは、その所有する甲土地を、Ｘさんに売り、その後、Ｙさんにも売りました。いわゆる二重譲渡です。Ｘさんが第１譲受人、Ｙさんが第２譲受人です。

現在は、Ｙさんが甲土地を占有しています。そこで、ＸさんがＹさんを訴えたものとします。

２　訴訟物

Ｘさんは、自分が甲土地の所有者だと思っています。それなのに、Ｙさんが占有しているわけですから、Ｙさんを被告として、所有権に基づく甲土地の返還請求訴訟を提起することでしょう。

訴訟物	所有権に基づく返還請求権としての土地明渡請求権

【記載例】　請求の趣旨

> 被告は、原告に対し、甲土地を明け渡せ。

３　請求原因

現在（＝口頭弁論終結日）にまさに発生した所有権に基づく返還請求権が訴訟物ですから、請求原因としては、①原告の現在の所有と、②被告の現在

の占有が必要です。

このうち、①については、被告は、原告の所有はもちろん認めませんが、過去に遡って、Ａさんが甲土地を所有していたことは認めるはずです。そこで、その旨を主張し、さらに、Ａさんが原告に甲土地を売ったことを主張立証することになります。

抽象的要件	主要事実の例
原告の所有	Ａは、令和元年６月20日、甲土地を所有していた。
	Ａは、原告に対し、令和元年６月20日、甲土地を100万円で売った。
被告の占有	被告は、甲土地を占有している。

４　対抗要件に係る抗弁

ア　基礎知識

⑴　原告がＡから甲土地を買ったことで、甲土地の所有権はＡから原告に移転します（民法176条）。しかし、原告は、そのことを第三者に対抗するためには、甲土地に自己名義の所有権登記をしなければなりません（民法177条）。このことを「対抗要件を具備する」といいます。

⑵　ここでいう「第三者」とは、その字義からすると、Ａと原告以外の全ての者が含まれそうですが、そうではなく、「第三者」の範囲が限定的に解されています。もっとも、被告のような第２譲受人が、この「第三者」に含まれることには争いがありません（大判大正15年２月１日民集５巻44頁参照）。

> ▶なお、Ｙも、Ａから甲土地を買っていますから、Ｙから見れば、Ｘが「第三者」に当たります。そこで、以下の説明は、Ｘが甲土地を占有している場合に、ＹがＸを被告として、所有権に基づく甲土地の返還請求訴訟を提起した場合にも当てはまります。

⑶　被告は、この対抗要件に係る抗弁を提出できますが、この抗弁の内容については、日本において、歴史的な変遷がありますので、それを見ていきましょう。

イ　旧通説

(1)　昭和30年代頃までは、A原告間譲渡により、原告が完全な所有権を取得するが、第三者である被告には、「原告が対抗要件を具備していないこと」を理由として、原告の所有権取得を否認する権能（＝否認権）が与えられると考えられていました。被告は、この否認権を行使する抗弁を提出できるということです。

▶請求権の履行を拒絶する権能（＝抗弁権）を行使する「阻止の抗弁」と似ていますが、単なる履行の拒絶にとどまらず、権利の存在そのものを否認する権能まで与える点で異なります。

(2)　完全な所有権取得を否認するというのですから、被告は、①自己が「第三者」であることを主張立証し、さらに、②「原告が対抗要件を具備していない」という消極的事実をも主張立証した上でなければ、上記の否認権を行使することはできないとされていました。

しかし、被告だってAからの譲受人であり、何ら原告に劣るところはありません。

▶なお、譲り受けた順番は、優劣を左右しないと考えられています。

本来、対抗要件を具備していない二重譲受人同士はイーブンな関係にあり、互いに優劣がないはずです。それなのに、②のような立証困難な消極的事実の立証を被告に要求するのは不公平であるとの批判がされ、この見解は通説の地位を失っていきました。

▶もっとも、大審院判例の中には、②の「立証」は不要であり「主張」だけで足りるとしたものもあります（「対抗要件の欠缺を主張することを要する」）（大判大正７年11月14日民録24輯2178頁）。

ウ　現通説

(1)　現在の通説は、旧通説と比べると、被告が抗弁において主張立証すべきことをずいぶん減らしました。「被告が第三者であること」を主張立証しただけで抗弁たり得るとするのです。

対抗要件を具備していない二重譲受人同士はイーブンな関係にあるため、

お互いに、相手に対する権利行使ができず、権利行使をした方が負けるという関係になります。そのため、原告と被告がイーブンな関係にあることさえ明らかになれば足りると考えるのです。

(2)　この通説の結論を導き出すための理論構成は、まさに百家争鳴の感がありますが、いわゆる不完全変動説（最判昭和33年10月14日民集12巻14号3111頁）によると、次のように説明することができます。

Ａから甲土地を譲り受けた原告が、甲土地につき、完全に排他性のある所有権を取得するためには、所有権移転登記をしなければなりません。

請求原因段階では、原告が所有権移転登記をしていませんから、原告の所有権には完全な排他性がありません。そのため、Ａは、その後、被告にも甲土地を譲渡できてしまうのです。その場合、原告と被告は、どちらも不完全な所有権者同士ですから、原告は、被告に対し、「所有権は、原告に帰属しているから、被告には帰属していない」と主張することができませんし、同じ「不完全な所有権者」である被告に対し、甲土地の返還を求めることもできません。

そこで、「被告がＡから甲土地を譲り受けたこと（＝被告が「第三者」であること）」は、原告の被告に対する甲土地の返還請求権の発生を障害するものとして、障害の抗弁となります。

抽象的要件	主要事実の例
被告が「第三者」であること	Ａは、被告に対し、令和元年７月20日、甲土地を100万円で売った。

(3)　原告が対抗要件を具備すれば、原告は完全に排他性のある所有権を取得しますから、原告は、第三者である被告に対しても、所有権に基づく甲土地の返還請求をすることができるようになります。そこで、原告が対抗要件を具備したことが再抗弁となります。

エ　司法研修所民事裁判教官室の見解

a　概　要

上記ウで紹介した現通説は、不完全な所有権者同士であるが故、両者とも相手に対する攻撃ができなくなると考えますが、司法研修所民事裁判教官室は、それとは真逆で、両者とも、不完全ながら、攻撃し合えると考えます。

原告は、自らの不完全な所有権を、同じく不完全な所有権者である被告にも主張することができ、甲土地を占有している被告に対する返還請求権も発生すると考えます。

▶そのため、上記ウの抗弁の提出は認めません。

b　対抗要件の抗弁

⑴　その代わりに、被告に対し、「自分も不完全な所有者であること」を理由とする一種の抗弁権を付与します。お互いに不完全な者同士だから、「原告が対抗要件を具備するまでは、（被告に対して返還請求権を行使できるような）所有権が原告にあることを認めない」との意思の表明をすることで、原告の被告に対する「所有権に基づく返還請求権」に対し、その履行を拒絶する権限を与えるのです。これが司法研修所民事裁判教官室のいう「対抗要件の抗弁」であり、権利抗弁＝阻止の抗弁との位置付けになります。

抽象的要件	主要事実の例
被告が「第三者」であること	Aは、被告に対し、令和元年７月20日、甲土地を100万円で売った。
一種の抗弁権の行使	「原告が所有権移転登記を具備するまで、原告の所有権取得を認めない。」

⑵　原告が所有権移転登記をしていれば、もちろん、上記抗弁権は行使することができません。したがって、そのことが再抗弁となります。

抽象的要件	主要事実の例
原告が対抗要件具備	原告は、令和元年７月21日、本件売買契約に基づき、甲土地につき所有権移転登記をした。

c　被告対抗要件具備の抗弁

被告には、もっと強力な武器があります。それは自らが所有権移転登記をすることです。被告が完全な所有権を取得すれば、もはや原告は、その不完全な所有権を被告に主張することができなくなります。口頭弁論終結日における原告の被告に対する所有権に基づく返還請求権は発生しません。これが障害の抗弁となります。

抽象的要件	主要事実の例
被告が「第三者」であること	Aは、被告に対し、令和元年7月20日、甲土地を100万円で売った。
被告が対抗要件を具備	被告は、令和元年7月21日、上記売買契約に基づき、甲土地につき所有権移転登記をした。

(3)　司法研修所民事裁判教官室の見解のうち、被告対抗要件具備の抗弁は、被告に過剰な立証をさせるものですから、上記イの旧通説に対するのと同じ批判が可能です。

また、対抗要件の抗弁については、これを権利抗弁＝阻止の抗弁とする実体法上の根拠がないという致命的な難点があります（歴史的に認められてきた権利抗弁＝阻止の抗弁とも異質のものですから、沿革上の根拠があるともいえません。）。

▶そのため、この「対抗要件の抗弁」は、司法試験や司法試験予備試験には一度も出題されたことがありません。これに対し、「被告対抗要件具備の抗弁」は、立証の過剰な負担の問題はあるものの、実体上は間違いではないため、司法試験や司法試験予備試験に出題されたことがあります。

第５節　司法試験予備試験の問題を解いてみよう

Ⅰ　令和４年司法試験予備試験の問題を解いてみよう

弁護士Ｐは、Ｘから次のような相談を受けた。

【Ｘの相談内容】「私は、建物のリフォームを仕事としています。私は、Ｙとは十年来の付き合いで、Ｙが経営する飲食店の常連客でもありました。私は、令和3年の年末頃、Ｙから、Ｍ市所在の建物（以下「本件建物」という。）を飲食店に改修するための外壁・内装等のリフォーム工事（以下「本件工事」という。）について相談を受け、令和４年２月８日、本件工事を報酬1000万円で請け負いました。令和４年５月28日、私は、本件工事を完成させ、本件建物をＹに引き渡し、本件工事の報酬として、1000万円の支払を求めましたが、Ｙは、700万円しか支払わず、残金300万円を支払いませんでした。私は、本件工事の報酬の残金300万円と支払が遅れたことの損害金全てをＹに支払ってほしいと思います。」

弁護士Ｐは、令和４年８月１日、【Ｘの相談内容】を前提に、Ｘの訴訟代理人として、Ｙに対し、Ｘの希望する金員の支払を求める訴訟（以下「本件訴訟」という。）を提起することとした。以上を前提に、以下の各問いに答えなさい。

⑴　弁護士Ｐが、本件訴訟において、Ｘの希望を実現するために選択すると考えられる訴訟物を記載しなさい。

⑵　弁護士Ｐが、本件訴訟の訴状（以下「本件訴状」という。）において記載すべき請求の趣旨（民事訴訟法第133条第２項第２号）を記載しなさい。なお、付随的申立てについては、考慮する必要はない。

⑶　弁護士Ｐが、本件訴状において記載すべき請求を理由づける事実（民事訴訟規則第53条第１項）を記載しなさい。なお、いわゆるよって書き（請求原因の最後のまとめとして、訴訟物を明示するとともに、請求の趣旨と請求原因の記載との結びつきを明らかにするもの）は記載しないこと。

⑷　弁護士Ｐが、本件訴状において請求を理由づける事実として、上記⑶のとおり記載した理由を、判例を踏まえて簡潔に説明しなさい。なお、訴訟物が複数ある場合は、訴訟物ごとに記載すること。

［解説］

1　設問⑴について

⑴　主請求について

請負人であるＸが、注文主であるＹに対し、請負報酬の支払を請求する事案です。

そこで、訴訟物は「請負契約に基づく請負報酬支払請求権」となります。

なお、請負報酬1000万円のうち300万円を請求するものですから、いわゆる一部請求がされているものです。

⑵　附帯請求について

附帯請求は、請負報酬の支払が遅れたことの損害金の支払を請求するものですから、訴訟物は「履行遅滞に基づく損害賠償請求権」となります。

2　設問⑵について

被告は、原告に対し、300万円及びこれに対する令和4年5月29日から支払済みまで年3%の割合による金員を支払え。

3　設問⑶について

原告は、被告から、令和４年２月８日、Ｍ市所在の建物（以下「本件建物」という。）を飲食店に改修するための外壁・内装等のリフォーム工事（以下「本件工事」という。）を報酬1000万円で請け負った。

原告は、令和4年5月28日、本件工事を完成させ、本件建物を被告に引き渡し、被告に対し、本件工事の報酬として1000万円の支払を請求した。

4　設問⑷について

⑴　主請求について

訴訟物である請負報酬支払請求権は、請負契約の成立により発生するというのが判例ですから、請負契約の成立の事実が必要となります。

次に、仕事の完成は、請負報酬の支払よりも先履行とするのが判例ですから、請負報酬の支払を請求する際には、この先履行義務を果たしたこと、すなわち本件工事を完成させた事実も必要となります。

⑵　附帯請求について

本件の請負報酬債務は期限の定めのない債務ですから、これを履行遅滞に陥らせるためには、催告（民法412条３項）、すなわち、原告が被告に対し請負報酬の支払を請求した事実が必要となるほか、同時履行の抗弁権の存在効を覆滅させるために、請負報酬債務と同時履行関係にある仕事の引渡債務（民法633条）を履行したこと、すなわち、原告が被告に対し本件工事がされた本件建物を引き渡した事実が必要になります。

Ⅱ　令和２年司法試験予備試験の問題を解いてみよう

〔設問１〕 弁護士Ｐは、Ｘから次のような相談を受けた。

【Ｘの相談内容】「私（Ｘ）はＺ県の出身ですが、大学卒業後は仕事の都合でＺ県を離れていました。近年、定年退職の時期が迫り、老後は故郷に戻りたいと考え、自宅を建築するためにＺ県内で手頃な土地を探していたところ、甲土地の所有者であるＡが甲土地を売りに出していることを知り、立地も良かったことから、甲土地を買うことにしました。 私は、令和２年５月１日、Ａから、売買代金500万円、売買代金の支払時期及び所有権移転登記の時期をいずれも同月20日とし、代金の完済時に所有権が移転するとの約定で甲土地を買い受け、同月20日に売買代金を支払いました。なお、所有権移転登記については、甲土地の付近に居住し、料亭を営む私の兄のＢを名義人とした方が都合がよいと考え、ＡやＢと相談の上、Ｂ名義で所有権移転登記を経由することにしました。 ところが、甲土地の購入後、私は、引き続き勤務先で再雇用されることになり、甲土地上に自宅を建築するのを見合わせることにしました。すると、令和７年７月上旬頃、甲土地の隣地に住むＣから、甲土地を使わないのであれば1000万円で買い受けたいとの申出があり、諸経費の負担を考慮しても相当のもうけがでることから、甲土地をＣに売ることにしました。 私は、早速、Ｃに甲土地を売却する準備にとりかかり、甲土地の登記事項証明書を取り寄せました。すると、原因を令和２年８月１日金銭消費貸借同日設定、債権額を600万円、債務者をＢ、抵当権者をＹとする別紙登記目録（略）記載の抵当権設定登記（以下「本件抵当権設定登記」という。）がされていることが判明しました。 私は、慌ててＢに確認したところ、Ｂは、経営する料亭の資金繰りが悪化したことから、令和２年８月１日、友人のＹから、返済期限を同年12月１日、無利息で、600万円の融資を受けるとともに、甲土地に抵当権を設定したが、返済が滞っているとのことでした。

以上のとおり、甲土地の所有者は私であり、本件抵当権設定登記は所有者である私に無断でされた無効なものですので、Ｙに対し、本件抵当権設定登記の抹消登記手続を求めたいと考えています。なお、Ｂは、甲土地の所有権名義を私に戻すことを確約していますし、兄弟間で訴訟まではしたくありませんので、今回は、Ｙだけを被告としてください。」

弁護士Ｐは、令和８年１月15日、【Ｘの相談内容】を前提に、Ｘの訴訟代理人として、Ｙに対し、本件抵当権設定登記の抹消登記を求める訴訟（以下「本件訴訟」という。）を提起することにした。

以上を前提に、以下の各問いに答えなさい。

⑴　弁護士Ｐが、本件訴訟において、Ｘの希望を実現するために選択すると考えられる訴訟物を記載しなさい。

⑵　弁護士Ｐが、本件訴訟の訴状（以下「本件訴状」という。）において記載すべき請求の趣旨（民事訴訟法第133条第２項第２号）を記載しなさい。なお、付随的申立てについては、考慮する必要はない。

⑶　（省略）

⑷　弁護士Ｐは、本件訴状において、請求を理由づける事実（民事訴訟規則第53条第１項）として、以下の各事実を主張した。

㈠　Ａは、令和２年５月１日当時、甲土地を所有していた。

㈡　Ａは、〔①〕。

㈢　甲土地について、〔②〕。

上記①及び②に入る具体的事実を、それぞれ記載しなさい。

[解説]

１　概　要

Ｘが所有する甲土地に、Ｙを抵当権者とする抵当権設定登記があるため、Ｘが、Ｙに対し、この登記の抹消を求める事案です。

２　設問⑴について

甲土地の所有権の完全性が、占有以外の態様で妨害されていますから、原告は、甲土地の所有権に基づいて、その妨害の排除を求めることができます。

そこで、訴訟物は「所有権に基づく妨害排除請求権としての抵当権設定登記抹消請求権」となります。

3 設問⑵について

被告は、甲土地について、別紙登記目録記載の抵当権設定登記の抹消手続をせよ。

4 設問⑷について

所有権に基づく妨害排除請求の請求原因ですから、ⅰ原告が甲土地を所有していることと、ⅱ被告名義の登記があることで原告の所有権が妨害されていることを主張する必要があります。

①は、原告が甲土地を取得したことを主張するものであり、Ａが、「令和２年５月１日、原告に対し、甲土地を代金500万円で売った」ことを主張すれば足ります。売買の冒頭規定（民法555条）によれば、売買の目的物と代金額の記載は不可欠です。

②は、甲土地に「別紙登記目録記載の抵当権設定登記がある。」ことを主張します。

Ⅲ 令和元年司法試験予備試験の問題を解いてみよう

〔設問１〕 弁護士Ｐは、Ｘから次のような相談を受けた。

【Ｘの相談内容】「Ａは、知人のＢに対し、平成29年９月１日、弁済期を平成30年６月15日、無利息で損害金を年10％として、200万円を貸し渡しました。ＡとＢは、平成29年９月１日、上記の内容があらかじめ記載されている「金銭借用証書」との題の書面に、それぞれ署名・押印をしたとのことです（以下、この書面を「本件借用証書」という。）。加えて、本件借用証書には、「Ｙが、ＢのＡからの上記の借入れにつき、Ａに対し、Ｂと連帯して保証する。」旨の文言が記載されていました。ＡがＢから聞いたところによれば、Ｙは、あらかじめ、本件借用証書 の「連帯保証人」欄に署名・押印をして、Ｂに渡しており、平成29年９月１日に上記の借入れにつき、Ｂと連帯して保証したとのことです。なお、ＹはＢのいとこであると聞いています。ところが、弁済期である平成30

年６月15日を過ぎても、ＢもＹも、Ａに何ら支払をしませんでした。私（Ｘ）は、Ａから懇願されて、平成31年１月９日、この200万円の貸金債権とこれに関する遅延損害金債権を、代金200万円で、Ａから買い受けました。Ａは、Ｂに対し、私にこれらの債権を売ったことを記載した内容証明郵便（平成31年１月11日付け）を送り、同郵便は同月15日にＢに届いたとのことです。ところが、その後も、ＢもＹも、一向に支払をせず、Ｙは行方不明になってしまいました。私は、まずは自分で、Ｂに対する訴訟を提起し、既に勝訴判決を得ましたが、全く回収することができていません。今般、Ｙの住所が分かりましたので、Ｙに対しても訴訟を提起して、貸金の元金だけでなく、その返済が遅れたことについての損害金全てにつき、Ｙから回収したいと考えています。」

弁護士Ｐは、【Ｘの相談内容】を前提に、Ｘの訴訟代理人として、Ｙに対し、Ｘの希望する金員の支払を求める訴訟（以下「本件訴訟」という。）を提起することを検討することとした。以上を前提に、以下の各問いに答えなさい。

⑴　弁護士Ｐが、本件訴訟において、Ｘの希望を実現するために選択すると考えられる訴訟物を記載しなさい。

⑵　弁護士Ｐが、本件訴訟の訴状（以下「本件訴状」という。）において記載すべき請求の趣旨（民事訴訟法第133条第２項第２号）を記載しなさい。なお、付随的申立てについては、考慮する必要はない。

⑶　弁護士Ｐは、本件訴状において、請求を理由づける事実（民事訴訟規則第53条第１項）として、以下の各事実を主張した。

㈠　Ａは、Ｂに対し、平成29年９月１日、弁済期を平成30年６月15日、損害金の割合を年10％として、200万円を貸し付けた（以下「本件貸付」という。）。

㈣　Ｙは、Ａとの間で、平成29年９月１日、〔①〕。

㈤　㈣の〔②〕は、〔③〕による。

㈥　平成30年６月15日は経過した。

㈦　平成31年１月〔④〕。

上記①から④までに入る具体的事実を、それぞれ記載しなさい。

■［解説］

1　概　要

Ａから貸金債権を譲り受けたＸが、借主の保証人に対し、保証債務の履行を請求する事案です。

2 設問⑴について

Ａと保証契約を締結した被告に対し、保証債務の履行を請求するのですから、訴訟物は「Ａ被告間の保証契約に基づく保証債務履行請求権」となります。

3 設問⑵について

被告は、原告に対し、200万円及びこれに対する平成30年６月16日から支払済みまで年10％の割合による金員を支払え。

4 設問⑶について

保証債務の履行請求権の発生原因事実として、ⅰ主債務の発生原因、ⅱ保証契約の成立、ⅲ書面性が必要ですから、①は「㈠の貸金債務を保証するとの合意をした。」、②は「意思表示」、③は「書面」となります。

また、Ｘは、貸金債権を譲り受けたことで、その随伴性により、Ｙに対する保証債務の履行請求権を取得したものです。そこで、④は「９日、Ｘは、Ａから、上記貸金債権及びこれに関する遅延損害金債権を代金200万円で買った。」となります。

〔設問２〕 弁護士Ｑは、本件訴状の送達を受けたＹから次のような相談を受けた。
【Ｙの相談内容】「私（Ｙ）はＢのいとこに当たります。(a)（省略）。(b) Ｂによれば、この200万円の借入れの際、ＡとＢは、ＡのＢに対する債権をＡは他の者には譲渡しないと約束し、Ｘも、債権譲受時には、そのような約束があったことを知っていたとのことです。(c) また、仮に、(b) のような約束がなかったとしても、Ｂは、既に全ての責任を果たしているはずです。Ｂは、乙絵画を所有していたのですが、平成31年３月１日、乙絵画をＸの自宅に持っていって、Ｘに譲り渡したとのことです。Ｂは、乙絵画をとても気に入っていたところ、何の理由もなくこれを手放すことはあり得ないので、この200万円の借入れとその損害金の支払に代えて、乙絵画を譲り渡したに違いありません。」

以上を前提に、以下の各問いに答えなさい。

⑴ 弁護士Ｑは、【Ｙの相談内容】(b) を踏まえて、Ｙの訴訟代理人として、答弁書（以下「本件答弁書」という。）において、どのような抗弁を記載するか、記載しなさい（なお、平成29年改正後の民法が適用されるものとする。）。

⑵　弁護士Qは、【Yの相談内容】（c）を踏まえて、本件答弁書において、以下のとおり、記載した。

㈠　Bは、Xとの間で、平成31年3月1日、本件貸付の貸金元金及びこれに対する同日までの遅延損害金の弁済に代えて、乙絵画の所有権を移転するとの合意をした。

㈡　㈠の当時、〔　〕。

上記〔　〕に入る事実を記載しなさい。

⑶　①弁護士Qは、本件答弁書において、【Yの相談内容】（c）に関する抗弁を主張するために、⑵の㈠及び㈡に加えて、Bが、Xに対し、本件絵画を引き渡したことに係る事実を主張することが必要か不要か、記載しなさい。

②その理由を簡潔に説明しなさい。

■［解説］

1　設問⑴について

本問の貸金債権には譲渡禁止特約があり、原告は、債権譲受時にそれを知っていましたから、貸金債務者は、原告に対しては、支払を拒絶することができ（民法466条3項）、その保証人である被告も、この債務者の抗弁権を援用することができます。

2　設問⑵について

代物弁済の抗弁の理解が問われているものです。本問の代物弁済は、Bの所有する絵画の所有権をXに移転するというものですから、その際に当該絵画がBの所有に属していなければなりません。したがって（イ）の〔　〕には、「Bは、乙絵画を所有していた」が入ります。

3　設問⑶について

代物弁済の抗弁の理解が問われているものです。代物弁済により本来債務が消滅するためには、代物の所有権を確実に移転させなければならず、対抗要件まで具備させなければならないとされています。動産の場合、引渡しにより対抗要件が具備されます（民法178条）から、引渡しに係る事実の主張が必要というわけです。

Ⅳ　平成30年司法試験予備試験の問題を解いてみよう

〔設問1〕弁護士Ｐは、Ｘから次のような相談を受けた。

【Ｘの相談内容】「私（Ｘ）とＹは、かつて同じ大学に通っており、それ以来の知り合いです。私は、平成27年８月頃、Ｙから、『配偶者が病気のため、急に入院したりして、お金に困っている。他に頼める人もおらず、悪いが100万円程度を貸してくれないか。』と頼まれました。私は、会社勤めで、さほど余裕があるわけでもないので、迷いましたが、困っているＹの姿を見て放っておくわけにはいかず、友人のよしみで、１年後くらいには返してもらうという前提で、Ｙに100万円を貸してもよいと考えました。私とＹは、平成27年９月15日に会いましたが、その際、Ｙは、『100万円借り受けました。平成28年９月30日までに必ず返済します。』と書いた借用証書を準備しており、これを私に渡し、私も、その内容を了解して、Ｙに現金100万円を渡しました。なお、友人同士でもあり、利息を支払ってもらう話は出ませんでした。ところが、返済期限が過ぎても、Ｙは、一向に返済しません。私は、直ちに100万円を返してほしいですし、返済が遅れたことについての損害金も全て支払ってほしいです。」

弁護士Ｐは、【Ｘの相談内容】を前提に、Ｘの訴訟代理人として、Ｙに対し、Ｘの希望する金員の支払を求める訴訟（以下「本件訴訟」という。）を提起することを検討することとした。以上を前提に、以下の各問いに答えなさい。

⑴　（省略）

⑵　弁護士Ｐが、本件訴訟において、Ｘの希望を実現するために選択すると考えられる訴訟物を記載しなさい。

⑶　弁護士Ｐが、本件訴訟の訴状（以下「本件訴状」という。）において記載すべき請求の趣旨（民事訴訟法第133条第２項第２号）を記載しなさい。なお、平成29年改正後の民法が適用されるものとする。

⑷　弁護士Ｐが、本件訴状において、請求を理由づける事実（民事訴訟規則第53条第１項）として主張すると考えられる具体的事実を記載しなさい。

■［解説］

1　設問⑵について

貸した金の返還を求める請求であり、その訴訟物は、消費貸借契約に基づく貸金返還請求権となります。

また、Yは、「返済が遅れたことについての損害金」の支払も求めています。附帯請求であり、その訴訟物は、債務不履行に基づく損害賠償請求権となります。

2　設問⑶について

被告は、原告に対し、100万円及びこれに対する平成28年10月1日から支払済みまで年3％の割合による金員を支払え。

3　設問⑷について

⑴　主請求について

司法研修所民事裁判教官室の見解によると、貸金返還請求権は、弁済期の到来時に発生しますから、①返還約束の合意をしたこと、②金員の交付をしたこと、③弁済期の合意をしたこと、④弁済期が到来したことにそれぞれ該当する具体的な事実を摘示することになります。

つまり、①ないし③として「原告は、被告に対し、平成27年9月15日、弁済期を平成28年9月30日と定めて、100万円を貸し付けた。」、④として「平成28年9月30日は到来した。」が必要になります。もっとも、この④の事実は、下記⑵の事実に含まれますから、記載する必要がありません。

⑵　附帯請求について

履行遅滞に陥るためには、弁済期が経過しなければなりません。そこで、「平成28年9月30日が経過した」との事実が必要となります。

〔設問2〕 弁護士Qは、本件訴状の送達を受けたYから次のような相談を受けた。
【Yの相談内容】「確かに、私（Y）は、Xが主張する時期に、借用証書を作成した上で、Xから100万円を借りたことはあります。しかし、私は、返済期限の平成28年9月30日に、全額をXに返済しました。 平成29年に入って、私とXは、大学の同窓会の幹事を担当するようになったのですが、同年9月半ば頃に、私の発言をきっかけにXが幹事を辞任しなければならなくなり、関係が悪化してしまったのです。そのようなこともあって、Xは、突然、返したものを返していないなどと言い出したのだと思います。また、今回、Xから請求を受けて思い返してみたのですが、私とXが大学を卒業した直後である平成19年10月1日、私は、Xから懇願されて、気に入っていたカメラ（以下「本件カメラ」という。）を8万円で売って、同日、Xに本件カメラを渡したことがありました。その後、忙しくて、Xに催促しそびれて、お金を受け取らないまま現在に至っています。100万円を返す必要は全くないと考えていますが、万一、その主張が認められなかったとしても、少なくとも前記8万円分を支払う必要はないと思います。」

弁護士Qは、【Yの相談内容】を前提に、Yの訴訟代理人として、弁済の抗弁と相殺の抗弁を主張することとし、これらが記載された本件訴訟における答弁書（以下「本件答弁書」という。）を作成した。弁護士Qは、本件答弁書の提出に先立ち、Xに対し、Xの請求を全面的に争うとともに、8万円分の相殺の抗弁を主張する旨を詳しく記載した内容証明郵便を発送し、Xは、平成30年2月2日、弁護士Pを経由して、同内容証明郵便を受領した。

以上を前提に、以下の各問いに答えなさい。なお、〔設問2〕以下においては、遅延損害金の請求やこれについての主張を考慮する必要はない。

(1) 弁護士Qは、本件答弁書に記載した弁済の抗弁につき、次の事実を主張した。

Yは、Xに対し、〔①〕。

上記〔①〕に入る具体的事実を記載しなさい。

(2) 弁護士Qは、本件答弁書に記載した相殺の抗弁につき、次の各事実を主張することを検討した。

ア　Yは、Xに対し、平成19年10月1日、本件カメラを代金8万円で売った。

イ　Yは、Xに対し、平成30年2月2日、〔②〕。

(i) 上記〔②〕に入る具体的事実を記載しなさい。

(ii) 弁護士Qとして、上記ア及びイの各事実に加えて、「Yは、Xに対し、平成19年10月1日、アの売買契約に基づき、本件カメラを引き渡した。」との事実を主張することが必要か否か。結論とその理由を述べなさい。

［解説］

1　設問⑴について

設問⑴は弁済の抗弁において主張すべき具体的事実を尋ねるものです。Yは、平成28年9月30日に、貸金債務の全額をXに返済したというのですから、主張すべき事実は「Yは、Xに対し、平成28年9月30日、Xに対する貸金債務の履行として100万円を弁済した。」となります。

2　設問⑵について

相殺の抗弁において主張すべき具体的事実を尋ねるものです。相殺をする場合、相殺の意思表示をしなければなりませんから、②は「上記代金債権をもって、Xの本訴請求債権とその対当額で相殺するとの意思表示をした。」となります。

また、双務契約に基づく債権を自働債権として相殺をする際は、相手方の同時履行の抗弁権を保護するため、反対債務の履行又はその提供をしなければなりませんから、本件カメラの引渡しの事実も必要となります。

コラム

債権と請求権

1　ヴィントシャイトさんは、「請求権」概念を発明し、物権については、その権利を保護すべき場面になると、その権利の中から物権的請求権が発生することを明らかにしました。しかし、債権については、物権と同じように考えてよいのか明確にしなかったため、その後の法学者の研究に委ねられました。

債権とは、もともと、他人に何かを請求する権利ですから、これとは別に債権的請求権なるものを観念することはできないともいえます。そこで、債権については、その権利を保護する場面になると、その権利に、「訴訟によって請求をする」という「権能」が付与されるとの見解も示されています。

2　もっとも、ドイツでは、債権には二種類のものがあることが認められています。いわゆる継続的契約において、広義の債権と、狭義の債権（＝請求権）があるというものです。

広義の債権とは、個々の請求権を生み出す母体となるものをいい、例えば「賃借権」がこれに当たります。賃貸人が目的物を引き渡してくれなければ、賃借人は、賃貸人に対し、目的物の引渡しを請求することができますが、この「目的物引渡請求権」は、広義の債権である「賃借権」から生み出されるものであり、賃借権とは別個独立の権利というわけです。

3　さて、司法研修所民事裁判教官室は、貸金返還請求権の発生時期の解釈について、長い間迷走を続けてきました（その詳細は拙著・要件事実マニュアル（第6版）2巻173頁（2020年、ぎょうせい）を参照して下さい）。

司研・新問研においては、同請求権の発生時期につき、同じ本の中で違う見解に立つというミスまで犯しています。すなわち、同書は、116頁では消費貸借契約の成立によって貸金返還請求権が発生するとしながら、39頁では弁済期の到来によって同請求権が発生するとしているのです。

> ▶これが単なるミスであることは、同書の旧版である「司法研修所・問題研究要件事実（法曹会）」の記述と比較してみると明らかです。

しかし、司研・新問研の上記記述は、上記のドイツの考え方を用いて善解すれば、合理的な説明ができなくはありません。司法研修所民事裁判教官室は、消費貸借契約を継続的契約と解しているからです。つまり、消費貸借契約の成立によって、広義の債権である「貸金債権」が発生し、その後、弁済期の到来によって、「貸金債権」から「貸金返還請求権」が生み出されると考えるのです。そうすれば、両者の発生時期が異なっていてもおかしくありません。

貸金債権は、消費貸借契約の成立時に発生させておけば、それを、将来債権ではなく、通常の債権として、直ちに、譲渡したり、担保の対象にしたりすることができます。他方、貸金返還請求権は、弁済期の到来時に発生するのでも構いません。

4　この「権利の二段階発生」の考え方は、継続的契約以外の契約でも応用できそうです。例えば請負代金請求権です。

請負代金債権は請負契約成立時に発生するというのが判例（大判昭和５年10月28日民集９巻1055頁）です。ところが、請負代金支払請求をすることができるのは、仕事が完成してからです。現在の実務では、請負代金支払請求訴訟の請求原因が「請負契約の成立」と「仕事の完成」の二つであることに異論がありません。

請負契約成立時に「請負債権」が発生し、仕事の完成時に、請負債権から生み出された「請負報酬請求権」が発生すると考えれば、この実務をうまく説明することができます。請負契約以外の役務型契約でも同様です。

5　売買代金支払請求権のような移転型契約に基づく請求権についても、同じ構造が考えられそうです。売買契約の成立により「売買代金債権」が発生し、履行期限の到来により「売買代金支払請求権」が発生するなどです（柚木馨・判例債権法総論上巻11頁）。

このように考えれば、履行期限は、抗弁ではなく、請求原因で現れることになります（現在でも、そのように考える見解が少なくありません。例えば石川義夫・司法研修所論集55号１頁（1975年））。

「履行期限の抗弁」は、阻止の抗弁でありながら権利抗弁ではないというものであり、阻止の抗弁の沿革から見ると、このような抗弁を認めることには抵抗もありました。しかし、履行期限が抗弁ではなくなれば、この問題も解決します。

第4章

上級者段階

（司法修習生、法曹対象）

第1節　物権法

Ⅰ　建物収去土地明渡請求訴訟

参考文献：司研・類型別66頁、司研・事実記載例集15頁、大島・要件事実上271頁、要件事実30講261頁

1　概　要

あなたの所有土地に、Yが勝手に建物を建ててしまいました。そこで、あなたは、Yに対し、その建物の収去と土地の明渡しを求めることにしました。

2　訴訟物

(1)　あなたの所有土地は、その上にYの建物があるわけですから、Yに占有されているということができます。そこで、あなたは、Yに対し、所有権に基づき、土地明渡請求訴訟を提起することができます。

(2)「明渡し」ですから、当該土地上に残置された物を全て撤去して引き渡さなければなりませんが、「土地の明渡し」には「土地上の建物の収去」までは含まれません。執行法上、「土地」の明渡しの判決では、別個の不動産である「建物」に係る強制執行はできないとされているからです。

つまり、「土地」の明渡しを命じるだけの判決では、「建物」の収去の強制執行はできないということです。

そこで、判決の主文には、別個の不動産である建物を明記する必要があります。「建物を収去して土地を明け渡せ」とすれば、「建物の収去」もできるようになります。

【記載例】　請求の趣旨

被告は、原告に対し、別紙物件目録記載2の建物を収去して同目録記載1の土地を明け渡せ。

(3)　このように、本訴訟では、主文及び請求の趣旨に「建物の収去」とい

う文言が加わりますが、これを加えることの法的な意味について長い間議論がされてきました。

現在の多数説は、先ほどの説明のとおり、「土地を明け渡せ」との主文だけでは建物の収去の強制執行ができないため、「執行方法を明示する」ために、「建物の収去」との文言を主文に加えると考えています。

そして、この「建物の収去」の部分は、建物収去の強制執行を可能にするものであることから、「訴訟物に準ずるもの」と考えられています。

訴訟物	所有権に基づく返還請求権としての土地明渡請求権
訴訟物に準ずるもの	建物の収去

▶「訴訟物に準ずるもの」については、本章の章末コラムを参照して下さい。

3　請求原因

⑴　所有権に基づく返還請求の請求原因は、①現在の原告の所有と②現在の被告の占有から成りますが、②については本訴訟に固有な考慮が必要です。

「建物収去」が訴訟物に準ずるものであるため、これを導き出すための要件を請求原因に追加する必要があるのです。

そこで、②は、単なる「現在の被告の土地占有」だけでは足りず、「現在、土地上に建物があり、それを被告が所有していること」が要件になるとされています。

抽象的要件	主要事実
原告が土地所有	原告は甲土地を所有している。
土地上に建物	甲土地上に乙建物がある。
被告が建物所有	被告は乙建物を所有している。

⑵　「被告の建物所有」は、所有権の主張ですから、被告が認める最新の時点での所有を主張することになります。

例えば、被告が、１年前の所有であれば認めるというのであれば、原告は、「１年前における被告の建物所有」を主張し、これについて権利自白が成立します。そして、この所有権が現在まで存続していると扱われますから、現在における被告の建物所有が認められます。

4　抗弁：建物の所有権喪失

請求原因で、１年前の被告の建物所有が主張され、権利自白が成立したとします。ところが、被告は、実は、半年前に、この建物を、Ｂさんに売却していました。

そうすると、現在は、土地を占有しているのは、当該建物の所有者であるＢさんであって、被告ではないことになります。

そうすると、現在における、原告の被告に対する土地の返還請求権も発生しませんから、これが障害の抗弁となります。

抽象的要件	主要事実の例
被告が建物所有権を喪失	被告は、Ｂに対し、令和元年３月20日、乙建物を300万円で売った。

Ⅱ　動産引渡請求、代償請求訴訟

参考文献：司研・類型別119頁、大島・要件事実上129頁、要件事実30講94頁

1　概　要

あなたが所有している「動産」の占有が侵害されている場合、あなたは、占有者に対し、所有権に基づく返還請求をすることができます。動産の返還請求訴訟です。

不動産の返還請求訴訟と異なる点は四つあります。一つ目は「明渡し」ではなく「引渡し」であること、二つ目は代償請求を併合提起することができること、三つ目は即時取得によって解決が図られることが多いこと、四つ目は対抗要件が登記ではなく引渡しであること（民法178条）です。

2　訴訟物

ア　主請求

主請求は、不動産の返還請求訴訟の場合と基本的には同じですが、「明渡し」ではなく「引渡し」になります。動産の場合、動産の上にある荷物などを撤

去したり、占有者が動産から退去するということが観念できないからです。

訴訟物	所有権に基づく返還請求権としての動産引渡請求権

【記載例】　請求の趣旨

> 被告は、原告に対し、甲ぬいぐるみを引き渡せ。

イ　代償請求

(1)　動産の引渡請求訴訟で勝訴しても、その判決に基づく強制執行ができるとは限りません。その動産が行方不明になっていたりすることもあるからです。

そこで、強制執行が不奏功で終わった場合に備え、その代償金の支払を予め請求することを認めるのが実務です（これを認めない学説もあります）。これが代償請求です。

(2)　代償請求は、動産の引渡請求と併合提起されるのが通常です。そして、その場合の併合形態は、予備的併合（＝主位的請求と予備的請求があるもの）ではなく、単純併合（単に請求が複数あるもの）とされています。代償請求は、強制執行が不奏功に終わった場合の「将来請求」ですから、現在請求である動産の引渡請求とは両立するからです。

(3)　動産引渡請求訴訟の原告勝訴判決に基づく強制執行ができなければ、原告に、その動産の価値相当の損害が発生しますが、それは被告の過失に基づくものとされ、不法行為に基づく損害賠償請求権が発生すると考えられています。これが代償請求の正体です。

代償請求の訴訟物	不法行為に基づく損害賠償請求権

【記載例】　請求の趣旨（2項が代償請求）

> 1　被告は、原告に対し、甲ぬいぐるみを引き渡せ。
> 2　前項の引渡しの執行が功を奏しないときは、被告は、原告に対し、20万円を支払え。

3　請求原因

ア　主請求

所有権に基づく返還請求ですから、請求原因は、原告現在所有と被告現在占有から成ります。

[主請求の請求原因]

抽象的要件	主要事実の例
原告による当該動産の所有	原告は、令和元年6月20日、甲ぬいぐるみを所有していた。
被告による当該動産の占有	被告は甲ぬいぐるみを占有している。

▶なお、被告が、令和元年6月20日における原告の所有を認めているものとします。

イ　代償請求

⑴　代償請求の訴訟物は不法行為に基づく損害賠償請求権ですから、その発生要件の全てが請求原因となるはずですが、実際には、損害の額として当該動産の価額を主張立証すれば足り、その余の発生要件は、それに該当する事実を主張立証せずとも当然に具備されていると考えられています。

⑵　当該動産の価額は、本来であれば、強制執行が奏功しなかった時の価額となるはずですが、それは将来のことであって現在はわからないことから、当該訴訟の口頭弁論終結時の価額で足りるとされています。

[代償請求の請求原因]

抽象的要件	主要事実の例
当該動産の価額	甲ぬいぐるみの価額は20万円である。

4　抗　弁

ア　被告の即時取得による原告の所有権の喪失

当該動産を占有している被告は、即時取得をしていることが多いです。被告が即時取得すれば、それにより原告は所有権を喪失しますから、このことが所有権喪失の抗弁となります。

	抽象的要件	主要事実の例
1	前主との取引行為	被告は、令和元年６月20日、Ａから甲ぬいぐるみを代金２万円で買った。
2	１に基づく動産の占有取得	被告は、同日、Ａから、１に基づき、甲ぬいぐるみの引渡しを受けた。

イ　二重譲渡の場合

動産の場合も二重譲渡が起こり得ますが、不動産の場合とは異なることが二つあります。一つは、対抗要件が「引渡し」であること（民法178条）、もう一つは、動産の場合、二重譲受人の双方が対抗要件を具備することもあるということです（占有改定による引渡しの場合）。

Ⅲ　時効取得を原因とする所有権移転登記請求訴訟

参考文献：司研・類型別76頁、司研・事実記載例集18頁、大島・要件事実上307頁

1　概　要

あなたは、Ｙさんの所有する甲土地を、自分の土地だと信じて、20年間占有してきました。そこで、甲土地に、時効取得を原因とする自己名義の所有権移転登記をしようと思っています。なお、現在は、甲土地はＹさんの所有名義になっています。

2　登記請求権の３類型

登記請求権には、債権的登記請求権、物権的登記請求権、物権変動的登記請求権の３種類があります。

債権的登記請求権とは、債権関係に基づくものであり、典型例は売買契約に基づく所有権移転登記請求権です。

物権的登記請求権とは、所有権に基づく登記請求権のことであり、例えば、所有権に基づく妨害排除請求権としての登記抹消請求権です。

物権変動的登記請求権とは、物権変動が生じるとそれに伴って発生する登記請求権です。例えば、共有不動産の共有物分割訴訟が確定すると、その後、そ

れに伴う所有権移転登記請求訴訟を提起することができますが、これは共有物分割という物権変動に伴って発生した所有権移転登記請求権に基づくものです（これに対し、被告は価格弁償金との同時履行の抗弁を提出することもできます）。

登記請求権の３類型	債権的登記請求権 物権的登記請求権 物権変動的登記請求権

３　訴訟物

⑴　時効による所有権取得は、原始取得と説明されることがありますが、登記手続においては、本来の意味における原始的取得（権利の絶対的発生）ではなく、従前の所有者からの伝来的取得であるとされています（大判昭和２年10月10日民集６巻558頁）。従前の所有者から時効取得者へと所有権が移転するという意味では、売買などの承継取得と同様ということです。

甲土地の場合、Ｙさんからあなたに所有権が移転することになりますから、あなたが甲土地に所有権移転登記をするには、あなたとＹさんによる共同申請が必要となります（不動産登記法60条）。

もし、Ｙさんがこの登記申請に協力してくれないのであれば、Ｙさんを被告として、登記申請に協力することを請求する訴訟を提起するしかありません。

⑵　時効取得を原因とする所有権移転登記請求権は、登記請求権の３類型のうち、どれに当たるのでしょうか。

あなたとＹさんには債権関係はありませんから、債権的登記請求権ではありません。

また、Ｙさんがあなたの所有権を侵害しているわけでもありません。単にあなたの所有権移転登記が未了というだけのことです。そこで、物権的登記請求権でもありません。

登記手続上は、Ｙさんからあなたへ所有権が移転するという物権変動があったわけですから、これに伴って発生する物権変動的登記請求権と解することになります。

▶これに対し、司法研修所民事裁判教官室は、Ｙさんの所有権移転登記があなたの所有権を妨害しているとして、本訴訟の訴訟物を所有権に基づく妨害排除請求権としての所有権移転登記請求権としますが、Ｙさんの所有権移転登記は、過去の物権変動を公示するために必要なものであり、あなたの所有権の完全性を何ら損なうものではありません。また、この見解に立つと、①あなたが所有権移転登記をする前に第三者に甲土地を譲渡した場合の処理に窮しますし、②Ｙさんがあなたの現在所有を認めてしまえば、時効の主張は不要となってしまい、請求の趣旨との齟齬も生じます。③さらに、時効の援用の相手方がＹさんでよいのかという問題も生じます。この見解では、Ｙさんは、「前所有者」ではなく、単なる「妨害者」にすぎないというのだからです。平成26年司法試験予備試験の問題は、この司法研修所民事裁判教官室の見解に依拠して作成されてしまっていますが、十分な検討がされたのか疑問です。

訴訟物	物権変動的登記請求権としての所有権移転登記請求権

【記載例】　請求の趣旨

被告は、原告に対し、別紙物件目録記載の土地について、平成10年１月20日時効取得を原因とする所有権移転登記手続をせよ。

▶なお、登記原因の日付は時効の起算日とするのが実務です。

4　請求原因

⑴　物権変動的登記請求権としての所有権移転登記請求権が発生するためには、物権変動が生じたこと、即ち、所有権が被告であるＹさんから原告であるあなたに移転したことが必要です。そこで、当該不動産を従前は被告が所有していたことと、それを原告が時効取得したことが必要になります。

⑵　時効取得は、ここでは、長期時効取得を例とします。時効完成の要件の多くが、民法186条によって暫定真実とされるため、20年間の占有の継続だけで足りるというのは、第２章第２節Ⅴで説明したとおりです。

⑶　時効の援用は、裁判所に対する意思の表明とする見解と、時効により不利益を受ける者に対する実体上の意思表示とする見解がありますが、現在

の実務は後者の見解によっています（前者の見解に立つ学説も根強くあります。例えば石垣茂光・判例時報2208号148頁）。

抽象的要件	主要事実の例
被告　当該不動産　もと所有	被告は、平成10年1月20日、甲土地を所有していた。
原告　当該不動産　20年間の占有	原告は、平成10年1月20日から平成30年1月20日まで、甲土地を占有した。
時効の援用	原告は、被告に対し、平成30年1月21日、上記時効を援用するとの意思表示をした。

▶なお、被告が、平成10年1月20日に甲土地を所有していたことを認めているものとします。

5　抗　弁

時効取得に関する抗弁には、「所有の意思の不存在」などといった、暫定真実の推定の覆滅があります。第2章第2節Ⅴにおいて説明したとおりです。

Ⅳ　登記の抹消の承諾請求訴訟

参考文献：司研・類型別85頁、司研・事実記載例集20頁、大島・要件事実上320頁

1　概　要

⑴　あなたの所有する甲土地に、知らないうちに、Aさんの所有権移転登記がされていました。また、甲土地には、この登記がされた後に、Yさんを抵当権者とする抵当権設定登記もされていました。Aさんが、甲土地の所有者になりすまして、Yさんのために抵当権を設定していたのです。

⑵　あなたは、甲土地の所有者ですから、所有権に基づく妨害排除請求として、Aさんに対し、Aさん名義の所有権移転登記の抹消を求めることができます。

そして、この登記が抹消されれば、それと共に、Yさんを抵当権者とする抵当権設定登記も、登記官の職権によって抹消されます（不動産登記規則152条2

項)。この抵当権設定登記は、Aさん名義の所有権移転登記を前提としているものであるため、親亀が消えると子亀も自動的に消えるというわけです。

そのため、Aさんの所有権移転登記の抹消手続をする際には、Yさんの承諾書を添付しなければならないことになっています。不動産登記法68条において、「権利に関する登記の抹消は、登記上の利害関係を有する第三者がある場合には、当該第三者の承諾があるときに限り、申請することができる。」と規定しているものです。

しかし、Yさんが、この承諾をしてくれないこともあります。そういうときは、Yさんを相手にして訴訟を提起するしかありません。これが「登記承諾請求訴訟」です。

(3)　この訴訟にあなたが勝訴すると、その確定判決が、Yさんの承諾書の代わりになります。あなたは、この判決を添付して、Aさんと共に、Aさん名義の所有権移転登記の抹消の申請手続をすれば、親亀であるAさん名義の所有権移転登記は抹消され、それと共に、子亀であるYさんを抵当権者とする抵当権設定登記も抹消されます。

2　訴訟物

ア　請求の趣旨

Yさんに対し、Aさん名義の所有権移転登記を抹消することの承諾を求めるものですから、請求の趣旨は次のようになります。

【記載例】　請求の趣旨

> 被告は、原告に対し、別紙物件目録記載の土地につき、別紙登記目録記載の所有権移転登記の抹消手続を承諾せよ。

【記載例】　請求の趣旨（Aさんも共同被告とする場合）

> 被告Aは、別紙物件目録記載の土地につき、別紙登記目録記載の所有権移転登記の抹消手続をせよ。
> 被告Yは、原告に対し、上記抹消手続を承諾せよ。

イ 訴訟物

あなたの所有する甲土地の完全性が、AさんとYさんの登記によって失われているわけですから、あなたは、所有権に基づく妨害排除請求権を行使して、Aさんに対しては所有権移転登記の抹消を、Yさんに対してはその承諾を求めることができます。

訴訟物	所有権に基づく妨害排除請求権としての承諾請求権

3 請求原因

請求原因として、①原告が甲土地を所有していること、②甲土地にAの所有権移転登記があること、③甲土地に被告が抵当権者である抵当権設定登記が存在していること、④③は②を前提としていることが必要となります。

被告に対する妨害排除請求権の発生としては、①と③だけで足りそうですが、これだけでは、「承諾請求」をすることはできません。そのため、②、④は、妨害排除請求としての「承諾請求」権の発生要件ということができます。

抽象的要件	主要事実の例
原告の所有	原告は甲土地を所有している。
第三者の登記及びそれを前提とする被告の登記	甲土地には別紙登記目録記載1の所有権移転登記及びそれを前提とする同目録記載2の抵当権設定登記がある。

4 抗 弁

被告が民法94条2項の類推適用などで保護される場合、そのことを抗弁とすることができます。

この抗弁が認められると、あなたは、本訴訟に敗訴し、Aさんの所有権移転登記を抹消することができなくなります。

その場合、あなたはどうすればいいのでしょうか。それが、次に扱う真正な登記名義の回復を原因とする所有権移転登記です。

Ⅴ　真正な登記名義の回復を原因とする所有権移転登記請求訴訟

参考文献：司研・類型別75頁、大島・要件事実上307頁、要件事実30講397頁

1　登記の抹消に代わる所有権移転登記

ア　概　要

(1)　あなたの所有する甲土地に、知らないうちに、Aさんの所有権移転登記がされていました。また、甲土地には、この登記がされた後に、Yさんを抵当権者とする抵当権設定登記もされていました。Aさんが、甲土地の所有者になりすまして、Yさんのために抵当権を設定していたのです。

(2)　あなたは、甲土地の所有者ですから、所有権に基づく妨害排除請求として、Aさんに対し、Aさん名義の所有権移転登記の抹消を求めることができるはずです。

ところが、Yさんが民法94条2項の類推適用などで保護される場合、上記抹消につきYさんの承諾を得ることができません。そのため、この場合、Aさん名義の所有権移転登記の抹消はできないことになります。

(3)　あなたとしては、Yさんの登記は、Yさんが保護されるから仕方ないとしても、Aさんまで保護されるわけではありませんから、Aさんの登記はなんとかしたいところです。

そこで、こういう場合に認められるのが「真正な登記名義の回復を原因とする所有権移転登記」です。

あなたは、Aさんを被告として、真正な登記名義の回復を原因とする所有権移転登記請求訴訟を提起することができるのです。

この訴訟に勝訴すると、あなたは、単独で登記手続をすることができます。甲土地の不動産登記の「甲区」のAさんの所有権移転登記の次に、あなたの所有権移転登記をすることができるのです（登記原因は「真正な登記名義の回復」です）。Aさんの所有権移転登記は抹消されませんが、あなたは、無事に甲土地の所有名義人になれたのです。

もっとも、甲土地の不動産登記の「乙区」にあるYさんを抵当権者とする

抵当権設定登記は抹消されていませんから、あなたは、Yさんの抵当権設定登記が付着したままの甲土地の所有名義人になるというわけです。

イ　訴訟物

Aさんの所有権移転登記によってあなたの甲土地の所有権が妨害されているわけですから、あなたには、Aさんに対する、所有権に基づく妨害排除請求権としての登記抹消請求権が発生しますが、Yさんの存在によりこの抹消ができないときは、この抹消請求権に代えて、真正な登記名義の回復を原因とする所有権移転登記請求権が発生します。

訴訟物	所有権に基づく妨害排除請求権としての真正な登記名義の回復を原因とする所有権移転登記請求権

【記載例】　請求の趣旨

> 被告は、原告に対し、別紙物件目録記載の土地について、真正な登記名義の回復を原因とする所有権移転登記手続をせよ。

ウ　請求原因

所有権に基づく妨害排除請求の請求原因ですから、①原告が甲土地を現在所有していること、②現在、甲土地にA名義の所有権移転登記があることから成ります。さらに、抹消請求に代えて所有権移転登記請求をするための要件として、③当該登記の抹消ができないことも必要となります。

2　ショートカットとしての所有権移転登記

⑴　あなたがAさんから甲土地を買ったとします。甲土地の不動産登記の「甲区」には、Aさんの所有権移転登記の次に、あなたの所有権移転登記がされるはずです。

ところが、実際には、Aさんの所有権移転登記の次にBさんの所有権移転登記がされていました。

⑵　そこで、あなたは、まず、Bさんと共にする登記申請により、Bさんの所有権移転登記を抹消する必要があります。そして、その上で、Aさんと

共にする登記申請により、売買を登記原因とする、あなたの所有権移転登記をすることになります。

しかし、これでは、登記手続を二つしなければなりませんし、いずれも訴訟提起が必要となると被告が二人になります。

これを、一度の手続で済ませることはできないでしょうか。

(3)　その方法として認められているのが、真正な登記名義の回復を原因とする所有権移転登記です。

あなたとしては、とにかく、あなたの所有名義になればよいわけです。だとすると、Bの所有権移転登記はそのままにしておいて、その次にあなたの所有権移転登記がされるのでもよいはずです。

そこで、あなたがBさんと共にする登記申請により、Bさんの所有権移転登記の次にあなたの所有権移転登記をすることが認められています。この場合にも真正な登記名義の回復を原因とする所有権移転登記ができるようにしたのです。

第2節　債権法

Ⅰ　債権者代位訴訟

参考文献：司研・類型別155頁、司研・事実記載例集20頁、大島・要件事実上441頁、要件事実30講595頁

1　概　要

(1)　あなたは、大工のAさんにお金を貸しました。あなたは貸金債権者で、Aさんが貸金債務者です。

ところが、Aさんは、その後、コロナ不況で無資力になってしまいました。

(2)　幸い、Aさんには工事代金債権が一つだけ残っていたので、これを回収すれば、あなたにお金を返せそうです。工事代金債権は、注文主であるBさんに対するものです。Bさんは、あなたの債務者であるAさんの債務者です。債務者の債務者のことを第三債務者といいます。

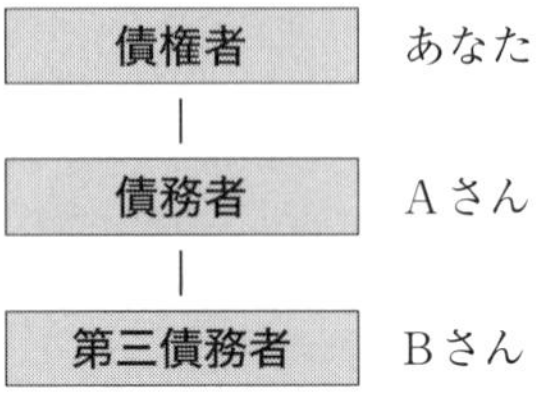

(3)　ところが、Aさんは、Bさんに工事代金を請求しようとしません。

そこで、あなたが、Aさんに代わって、この債権の回収をすることにしました。あなたが、Bさんを被告として、請負代金を請求する訴訟を提起するのです。債権者代位訴訟です（民法423条1項）。

(4)　Bさんは、本来、この請負代金債務をAさんに支払うところです。しかし、債権者代位訴訟では、これをあなたに支払うよう、Bさんに請求できることになっています（民法423条の3）。

2　訴訟物

⑴　債権者代位訴訟は、債権者（あなた）が債務者（A）に代位して、債務者（A）の第三債務者（B）に対する請求訴訟を提起するものです。

裁判所において審理判断するのは、債務者（A）の第三債務者（B）に対する請負代金債権の存否であり、これが訴訟物となります。

⑵　なお、債務者（A）の第三債務者（B）に対する債権を「被代位権利」といい、債権者（あなた）の債務者（A）に対する債権（貸金債権）を「被保全債権」といいます。

⑶　一般的な訴訟では「原告の被告に対する請求権」が訴訟物になりますが、本訴訟では、「Aの被告に対する請求権」が訴訟物になります。そこで、訴訟物の記載をする際も、その旨を明らかにする必要があります。

訴訟物	Aの被告に対するA被告間の請負契約に基づく請負報酬支払請求権

【記載例】　請求の趣旨

> 被告は、原告に対し、1000万円を支払え。

【記載例】　よって書き

> よって、原告は、被告に対し、Aに代位して、本件請負契約に基づき、請負報酬1000万円を支払うことを求める。

3　請求原因及び訴訟要件

ア　請求原因

請負報酬支払請求訴訟ですから、請求原因は「請負契約の成立」と「仕事の完成」から成ります（第３章第３節Ⅳ参照）。

抽象的要件	主要事実の例
被代位権利の発生原因等	Aは、被告に対し、令和元年８月20日、甲建物の建築を1000万円で請け負い、同年10月20日、それを完成させた。

イ 訴訟要件

⑴ 訴状には、債権者代位訴訟を提起するための要件（訴訟要件）も記載します。

⑵ まずは、被保全債権が発生していなければ、債権者代位訴訟は提起できませんから、被保全債権の発生原因が必要です。

⑶ 次に、債権者代位訴訟は、債権者が「自己の債権を保全するため必要があるとき」に提起することができるとされています（民法423条1項）。

Ａさんは無資力ですから、あなたとしては、自己の債権を保全するためには、この請負代金を回収するしか方法がありません。

このように、債務者が無資力であれば、「保全の必要性」があると考えられています。

訴訟要件	訴訟要件を基礎付ける事実の例
被保全債権の発生原因	原告は、Ａに対し、令和元年６月20日、100万円を貸し付けた。
保全の必要性	Ａには、本件請負報酬債権以外に、原告の上記貸金債権を満足させるに足りる財産はない。

4 抗弁及び本案前の主張

ア 抗 弁

⑴ 訴訟物である請負報酬支払請求権の発生障害・消滅・阻止事由が抗弁となります（民法423条の４）。

⑵ 抗弁の中に、大変に強力なものが一つあります。実は、あなたがこの訴訟を提起したことを知ったＡさんは、当該請負報酬債権を自らＢさんから回収していたのです（民法423条の５）。Ｂさんは既にＡさんに当該請負報酬債務を支払っていました。弁済の抗弁であり、これにより訴訟物である請負報酬請求権は消滅していたのです。

あなたがこの訴訟に費やしてきた努力は、Ａさんによって、全て台無しにされてしまったのです。

▶このリスクがあることから、実際に債権者代位訴訟が提起されるのは、Aさんに自力回収されてしまうおそれがない場合に限られます。

イ　本案前の主張

被告は、被保全債権の発生障害・消滅・阻止事由を主張することもできます。これは、実体上の抗弁ではなく、訴訟要件の具備を争うものであり、「本案前の主張」と呼ばれています。

本案前の主張が証拠等により認められれば、訴訟要件の不具備により、原告の訴えは却下されます。

Ⅱ　詐害行為取消訴訟

参考文献：司研・類型別167頁、司研・事実記載例集22頁、大島・要件事実上447頁、要件事実30講601頁

1　概　要

(1)　あなたは、Aさんにお金を貸しました。あなたは貸金債権者で、Aさんが貸金債務者です。

(2)　その後、Aさんは、コロナ禍の中で営んでいた飲食店が大赤字となり、借金だらけになってしまいました。もっとも、Aさんは自宅建物を所有していましたので、あなたとしては、いざとなれば、Aさんに訴訟を提起した上で、この建物を差し押さえればよいと思っていました。

ところが、Aさんは、その建物を弟に贈与し、弟名義にしてしまったのです。

(3)　この弟への贈与は、債権者であるあなたを害する行為（詐害行為）です。こういう場合、あなたは、弟を被告として訴訟を提起し、この贈与を取り消して、建物の名義をAさんに戻すことを求めることができるとされています。これが詐害行為取消訴訟です（民法424条1項）。

あなたのAさんに対する債権を「被保全債権」といいます。また、当該詐害行為によって利益を得た者のことを「受益者」といいます。上記の例では、Aさんの弟が受益者です。

債権者（あなた）―　債務者（Aさん）―　受益者（Aさんの弟）

2 訴訟物

⑴ 債務者が詐害行為をすると、債権者には詐害行為取消権が発生しますが、この権利は、訴訟上の行使のみが認められており（民法424条1項）、訴訟外で行使することはできません。

⑵ 債権者（あなた）は、受益者（Aさんの弟）を被告として訴訟を提起し、詐害行為（＝Aさんと弟との建物贈与契約）の取消し（民法424条1項）と、この詐害行為によって受益者に移転した財産の返還を請求することができます（民法424条の6第1項）。例えば、Aさんの弟の所有権移転登記の抹消を求めるなどです。

訴訟物	詐害行為取消権

【記載例】 請求の趣旨

Aと被告が令和元年8月20日にした甲建物の贈与契約を取り消す。
被告は、甲建物について、別紙登記目録記載の登記の抹消手続をせよ。

【記載例】 よって書き

よって、原告は、被告に対し、詐害行為取消権に基づき、上記贈与の取消しと上記所有権移転登記の抹消手続を求める。

3 請求原因

詐害行為取消権は、債務者（Aさん）が、債権者（あなた）を害することを知りながら、詐害行為（弟への贈与）をしたときに発生します（民法424条1項）。そこで、請求原因としては、①被保全債権（あなたのAさんに対する債権）の発生原因、②詐害行為、③債務者（Aさん）の悪意が必要となります。

また、登記の抹消を求めるのですから、④被告の所有権移転登記がされたことも必要です。

抽象的要件	主要事実の例
被保全債権の発生原因	原告は、Aに対し、平成30年1月20日、100万円を貸し付けた。
詐害行為及び被告の所有権移転登記	Aは、令和元年8月20日、その所有する唯一の財産である甲建物を被告に贈与し、その所有権移転登記をした。
債務者の悪意	Aは、上記贈与によって原告を害することを知っていた。

4　抗　弁

ア　受益者の善意

Aさんの弟は、当該贈与契約を締結した際に、それがあなたを害することを知らなかったのかもしれません。もし、そうであれば、詐害行為取消権は発生しません（民法424条1項ただし書）。

抽象的要件	主要事実の例
受益者の善意	被告は、本件贈与契約当時、これによって原告を害することを知らなかった。

イ　債務者の資力の回復

無一文になったAさんが、その後、事業が成功するなどして、資力を回復していたのであれば、甲建物の贈与はあなたを害しません。Aさんには、甲建物がなくとも、それ以外の資産があり、あなたはそれを差し押さえればよいからです。この贈与は「詐害行為」ではなくなりますから、あなたはこの贈与を取り消すことができなくなります。そこで、債務者の資力の回復が、詐害行為取消権の消滅の抗弁となります。

ウ　被保全権利に関する主張

被保全権利の発生障害・消滅事由も抗弁になります。例えば、被保全権利が弁済により消滅したことです。

Ⅲ 譲り受けた債権に基づく請求訴訟における抗弁

参考文献：司研・類型別128頁、司研・事実記載例集32頁、大島・要件事実上411頁、要件事実30講420頁

1 概 要

⑴ 譲り受けた債権に基づく請求訴訟については、第3章第3節Ⅱで取り上げましたが、その続きです。

⑵ 債権譲渡は、債務者とは無関係に行われます。物の譲渡と異なり、引渡しもされなければ、多くの場合登記もされません。債務者は、誰が本当の債権者なのか、わからないことでしょう。そのため、債務者保護のための制度が作られており、それに関係する抗弁があります。

2 訴訟物・請求原因

⑴ 原告は、Aから、被告に対する1000万円の売買代金債権を譲り受けたので、被告に対する売買代金請求訴訟を提起したものとします。

債権者		債務者	債権の内容
A	—	被 告	売買代金支払請求権
↓			
原 告			

⑵ 訴訟物と請求原因は、次のとおりです。

訴訟物	A・被告間の売買契約に基づく売買代金支払請求権

【記載例】 請求の趣旨

> 被告は、原告に対し、1000万円を支払え。

[請求原因]

抽象的な要件	主要事実の例
債権の発生原因	Aは、被告に対し、令和元年5月20日、甲建物を代金1000万円で売った。
債権の移転原因	Aは、原告に対し、令和元年6月24日、上記売買代金債権を代金800万円で売った。

3　債務者対抗要件

⑴　債権の譲渡は、譲渡人が債務者に通知をし、又は債務者が承諾をしなければ、債務者に対抗することができません（民法467条1項）。これを債務者対抗要件といいます。

この通知又は承諾は、債務者対抗要件という面では、債務者を保護することだけを目的とする制度です（大判昭和2年1月28日新聞2666号16頁）。

そこで、この債務者対抗要件は、譲受人が自己の債権を債務者に主張するための積極的要件ではなく、債務者がその欠缺を「主張」したときに初めて問題とされます（最判昭和56年10月13日裁判集民事134号97頁）。

⑵　この欠缺の「主張」について、司法研修所民事裁判教官室は、「権利抗弁＝阻止の抗弁」と位置付けます。しかし、この「主張」は、請求権の存在を認めた上でその履行を拒絶するというものではありませんし、給付訴訟のみならず確認訴訟においても「主張」できるものですから、これを「権利抗弁＝阻止の抗弁」ということはできません。

▶もっとも、第5章第3節Ⅰ4で扱いますが、要件事実論によると、この主張を「抗弁」とし、通知又は承諾がされたことを「再抗弁」とすることができます。

⑶　債務者が上記「主張」をしたときは、債権譲受人は、債務者対抗要件を具備したことの主張立証をしなければ、債務者に対して自己が債権者であることを主張することができません。

4　譲渡人に対抗し得る事由の抗弁

ア　基礎知識

債権譲渡は債務者とは無関係に行われますから、債務者は、債権譲渡を知らずに、債権譲渡人の方に弁済してしまうかもしれません。

そこで、債務者保護のため、債務者との関係では、上記３の対抗要件（通知又は承諾）の具備時を基準時とし、それより前は譲渡人を債権者とし、それより後は譲受人を債権者としました。債務者は、このルールに従って、債権者が誰であるかを判断すれば足ります。

イ　本抗弁の具体例

債権譲渡がされましたが、その通知又は承諾はありませんでした。債務者は、上記ルールに従って、譲渡人に弁済をしました。

その後、債権譲受人が、債務者に対し、当該債権に基づく請求訴訟を提起してきましたが、これに対し、債務者は、「上記ルールに従って譲渡人に弁済したから、これにより債務が消滅したこと」を抗弁とすることができます。

「債務者は、対抗要件具備時までに譲渡人に対して生じた事由をもって譲受人に対抗することができる」のです（民法468条１項）。

ウ　要　件

債務者保護の見地からは、債務者が立証しなければならない事実はなるべく少なくしたいところです。そこで、民法468条１項の要件のうち「対抗要件具備時までに」の部分は、立証の公平の見地から、要件から外れ、その反対事実（＝当該事由が対抗要件具備時より後に生じたこと）が再抗弁に回ると解されています。

そこで、本抗弁は、同項のうち、残された要件（譲渡人に対して生じた事由）のみで構成されます。

抽象的要件	主要事実の例
譲渡人に対して生じた事由	被告は、Ａに対し、令和元年12月20日、本件売買代金債務の弁済として、1000万円を支払った。

エ　再抗弁その１：当該事由が債務者対抗要件具備後に生じたこと

上記ウのとおり、当該事由が対抗要件具備時より後に生じたことが再抗弁に回ります。譲渡人に対する弁済が、実は、基準時後にされたものであったのならば、その弁済は無効となります。

抽象的要件	主要事実の例
当該事由に先立つ対抗要件の具備	Aは、被告に対し、令和元年11月20日、本件売買代金債権の譲渡を通知した。

オ　再抗弁その２：当該事由による法律効果の放棄

本訴訟の被告である債務者が「譲渡人に対する弁済の抗弁」を提出するかどうかは被告の自由です。提出しなければ、二重払いを余儀なくされますが、それでも提出しない被告債務者がいるかもしれません。

それどころか、債務者は、本訴訟が提起される前に、予め、この抗弁を放棄することもできます。債務者が、譲受人に対し、「譲渡人に対する弁済による法律効果を放棄する」との意思表示をするのです。

この意思表示は、実体上の効果を持つものであり、譲渡人に対する弁済による法律効果（＝当該請求権の消滅）の発生を障害します。この意思表示をしたことが障害の再抗弁になるというわけです。

抽象的要件	主要事実の例
当該事由による法律効果の放棄	被告は、原告に対し、令和元年12月24日、上記弁済による法律効果を放棄する旨の意思表示をした。

▶なお、この再抗弁は、訴訟とは無関係になされた意思表示であるにもかかわらず、一般に「抗弁の放棄」と呼ばれています。民法が裁判規範である（第２章の章末コラム参照）ことを理解しておけば、このネーミングにも違和感が生じないでしょう。

5 債権二重譲渡に関する抗弁

ア 概 要

(1) Aは、当該売買代金債権を、原告に売ったほか、Bにも売っていました。債権の二重譲渡です。

債権者		債務者	債権の内容
B			
↑			
A	—	被告	売買代金支払請求権
↓			
原告			

(2) 原告とBは、先に「確定日付のある証書による通知又は承諾」（第三者対抗要件）を具備した方が優先し（民法467条2項）、その効力は債務者にも及びます。

そのため、二重譲渡の優先関係が確定した後は、債務者は、優先した者（＝第三者対抗要件を具備した者）を債権者と認め、その者に弁済しなければなりません（大判大正8年3月28日民録25輯441頁）。

イ 優先する譲受人の存在の抗弁

そこで、債務者である被告は、原告に優先する債権譲受人（＝第三者対抗要件を具備した債権譲受人であるB）がいることを抗弁とすることができます。この場合、被告はBだけを債権者と認めなければならないからです。

抽象的要件	主要事実の例
他の譲受人への譲渡原因	Aは、Bに対し、令和元年7月20日、本件売買代金債権を代金600万円で売った。
他の譲受人による第三者対抗要件の具備	Aは、被告に対し、令和元年7月22日、内容証明郵便によって上記債権譲渡を通知した。

ウ　他の譲受人への弁済

では、二人の債権譲受人のどちらも第三者対抗要件を具備していなければどうなるのでしょうか。この場合、債務者は、①そのどちらかから請求されれば、それを拒むことができず（潮見佳男・新債権総論Ⅱ465頁（2017年、信山社）、中田裕康・債権総論（第４版）550頁（2020年、岩波書店））、その代わり、②そのどちらかに弁済すれば、それにより債務は消滅すると考えるべきです。

したがって、この②が、消滅の抗弁となります。

抽象的要件	主要事実の例
他の譲受人への譲渡原因	Ａは、Ｂに対し、令和元年７月20日、本件売買代金債権を代金600万円で売った。
他の譲受人への弁済	被告は、Ｂに対し、令和元年８月20日、上記債務の履行として、1000万円を弁済した。

▶司法研修所民事裁判教官室は、②については、二重譲受人のどちらかに弁済すれば債務は消滅するとしながらも、①については、他にも債権譲受人がいることを理由に、請求を拒むことができるとします。しかし、これでは、債務者を保護しすぎです。債務者は②によって債務から免れることができるからです。

Ⅳ　賃貸借契約終了に基づく建物収去土地明渡請求訴訟

参考文献：司研・類型別99頁、司研・事実記載例集15頁、大島・要件事実上357頁

1　概　要

⑴　あなたは、賃貸期間を20年と定めて、土地を賃貸していました。賃借人がその土地の上に建物を建てるためです（＝建物所有目的）。賃貸借の存続期間が満了したので、その土地を返してもらおうと思います。

⑵　建物所有目的でなされる「土地の賃貸借契約」のことを「借地契約」といいます。

借地契約には、特別法である借地借家法が適用されるため、同法の理解が必要となります。

同法では、借地契約に基づく土地の賃借権のことを「借地権」といい（借地借家法2条1号）、借地契約の賃借人のことを「借地権者」、賃貸人のことを「借地権設定者」といいます（借地借家法2条2号・3号）。

(3) 同法は、借地権の存続期間は30年とし、ただし、借地契約でこれより長い期間を定めたときは、その期間としています（借地借家法3条）。

2 訴訟物

賃貸借の冒頭規定である民法601条によると、賃貸借契約には、契約の終了時に賃借人が目的物を返還することの合意が含まれています。

ここでいう返還とは、借りた土地を、借りたときの状態にして（＝目的物を原状に復して）返還するという意味ですから、借りたときに更地であったのであれば、返すときも、土地上の建物を収去した上で土地を返還する義務があります。

所有権に基づく建物収去土地明渡請求訴訟の場合は、訴訟物である土地の返還請求権から直ちに「建物収去」が導かれないため、「訴訟物に準ずる」などという技巧的な解釈を余儀なくされましたが、本訴訟では、訴訟物自体から「建物収去」が自然に導かれるというわけです。

訴訟物	賃貸借契約の終了に基づく目的物返還請求権としての建物収去土地明渡請求権

【記載例】 請求の趣旨

> 被告は、原告に対し、別紙物件目録記載2の建物を収去して同目録記載1の土地を明け渡せ。

【記載例】 よって書き

> よって、原告は、被告に対し、上記賃貸借契約に基づき、上記建物を収去して上記土地を明け渡すことを求める。

3　請求原因

⑴　賃貸借契約の終了に基づく目的物返還請求訴訟の請求原因は、既に何度も取り上げたところです。本訴訟では、それに、「建物収去」に関する請求原因が加わります。

土地の賃貸人が、賃借人に対し、その土地上の建物の収去を求めることができるのは、賃借人が、目的土地の引渡しを受けた後に、目的土地上に建物が建築され（それは賃借人自身が建築したものに限られません）、かつ、賃貸借が終了したにもかかわらず、その建物を収去していない場合です。つまり、「被告が目的土地の引渡しを受けた後、目的土地上に建物が付属させられ、賃貸借終了時に、当該建物が存在していたこと」が要件として加わることになります。

⑵　本訴訟における賃貸借は、建物所有目的でされたものですから、借地借家法が適用され、30年以下の賃貸期間を定めたときは、借地権の存続期間が30年となります（同法３条）。そこで、賃貸借契約の終了原因としては、①当該賃貸借契約において建物所有目的の合意がされたことと、②賃貸借契約締結から30年が経過したことが必要になります。

抽象的な要件	主要事実の例
賃貸借契約の成立	原告は、被告との間で、令和元年６月20日、甲土地を、賃料月額20万円で賃貸するとの合意をした。
賃借物の引渡し	原告は、被告に対し、令和元年６月20日、上記賃貸借契約に基づき、甲土地を引き渡した。
賃貸借の終了原因	原告と被告は、上記賃貸借契約において、建物所有を目的とすることを合意した。令和31年６月20日は経過した。
目的土地上に建物の付着	上記引渡し後、上記賃貸借契約の終了までの間に、甲土地上に乙建物が建築され、上記賃貸借契約の終了時に乙建物が存在していた。

4 抗 弁

ア 法定更新

a 概 要

借地権の存続期間が満了した後も借地権者（＝賃借人）が借地の使用を継続した場合、借地契約は更新したものとみなされます（借地借家法５条２項、１項）。これを法定更新といいます。

法定更新がされていれば、賃貸借契約の終了に基づく明渡請求権は発生しませんから、障害の抗弁となります。

抽象的要件	主要事実の例
借地権の存続期間満了後の使用継続	被告は、令和31年６月20日以降も、乙建物を所有して、甲土地を占有している。

b 再抗弁：遅滞なき異議

借地権者（＝賃借人）による上記使用継続に対し、借地権設定者（＝賃貸人）が遅滞なく異議を述べた場合は、法定更新が成立しません（借地借家法５条２項、１項ただし書）。この要件は、借地借家法５条１項において「ただし書」とされているため、再抗弁に回るものです。

もっとも、賃貸人は、「正当の事由」がなければ、異議を述べることができません（借地借家法６条）。例えば、賃貸人において当該土地を使用する必要性がある一方、賃借人は当該土地の使用を継続する意向がないような場合、異議により賃貸借を終了させても何も問題がありませんから、異議を述べる「正当の事由」があるといえます。

この「正当の事由」は、いわゆる規範的要件（本章第３節Ⅰ参照）です。

抽象的要件	主要事実の例
借地権設定者による遅滞なき異議	原告は、令和31年６月25日、被告に対し、甲土地の使用を中止するよう求めた。
正当の事由	原告は、甲土地上に建物を建てて、老母を居住させる必要がある。他方、被告は、現在、乙建物を使用しておらず、今後使用する意向もない。

イ　建物買取請求をした場合の同時履行の抗弁

借地権の存続期間が満了した場合において、契約の更新がないときは、被告（＝借地権者）は、原告（＝借地権設定者）に対し、乙建物（＝借地権者が権原により土地に附属させた物）を時価で買い取るべきことを請求することができます（借地借家法13条１項）。

この請求をすると、乙建物の所有権は直ちに原告に移転し、被告には買取代金の支払請求権が発生します。

さらに、被告は、この「代金の支払」と「乙建物の明渡し」の同時履行の抗弁権を行使することもできます。原告が買取代金を支払ってくれるまでは、被告は、乙建物を引き渡す必要がないのです。そして、そのことは、乙建物の敷地である土地も引き渡す必要がないことをも意味します。

そこで、被告は、この同時履行の抗弁権を行使することで、訴訟物である請求権に対し、その履行を拒絶することができるというわけです。

Ⅴ　賃貸人の転借人に対する目的物明渡請求訴訟

参考文献：大島・要件事実上381頁、要件事実30講261頁

1　概　要

あなたは、その所有する甲建物をＡに賃貸したところ、Ａは、それをＹに転貸してしまい、現在は、Ｙが甲建物に居住しています。

そこで、あなたは、Ｙから甲建物を返してもらおうと、Ｙを被告とする訴訟を提起しました。

2　訴訟物・請求原因

あなたは、甲建物の所有者ですから、甲建物を占有しているＹに対し、所有権に基づく甲建物の返還請求訴訟を提起することができます。

訴訟物	所有権に基づく返還請求権としての建物明渡請求権

【記載例】 請求の趣旨

被告は、原告に対し、甲建物を明け渡せ。

【記載例】 請求原因の主要事実

原告は甲建物を所有している（被告が認めたものとする）。 被告は甲建物を占有している。

3 占有権原の抗弁

ア 原告の承諾がある場合

A・被告間の転貸借をあなたが承諾していたのであれば、被告は甲建物の占有権原を有していることになり、これが抗弁となります。

この抗弁では、まず、親亀である賃貸借契約が成立したことと、子亀である転貸借契約が成立したことに加え、後者を原告が承諾したことが必要です。

さらに、Aと被告が適法に甲建物の引渡しを受けたことが必要になります。転借人とはいえ、自力で鍵を壊して建物に入ったのでは、適法な占有とはいえないからです。そこで、原告がAに甲建物を引き渡したことと、Aが被告に甲建物を引き渡したことも必要になるというわけです。

抽象的要件	主要事実の例
賃貸借契約の成立	原告は、Aに対し、令和元年6月20日、甲建物を賃料月額20万円で賃貸した。
賃貸借契約に基づく引渡し	原告は、Aに対し、令和元年6月20日、上記賃貸借契約に基づき、甲建物を引き渡した。
転貸借契約の成立	Aは、被告に対し、令和元年7月20日、甲建物を賃料月額20万円で賃貸した。
転貸借契約に基づく引渡し	Aは、被告に対し、令和元年7月20日、上記賃貸借契約に基づき、甲建物を引き渡した。
転貸借の承諾	原告は、Aに対し、同日、上記賃貸借契約を承諾した。

イ　背信性が不存在である場合

賃貸人が転貸借を承諾していない場合について、社会的弱者である転借人を保護するための判例法理が形成されてきました。賃貸人が承諾していない無断転貸がされた場合であっても、それによって賃貸人が特段の不利益を受けないのであれば、転借人を保護しても構わないはずです。

そこで、このような転貸について、判例は、「賃貸人に対する背信性がないもの」として、保護をしてきたのです。

抽象的要件	主要事実の例
賃貸借契約の成立	原告は、Aに対し、令和元年6月20日、甲建物を賃料月額20万円で賃貸した。
賃貸借契約に基づく引渡し	原告は、Aに対し、令和元年6月20日、上記賃貸借契約に基づき、甲建物を引き渡した。
転貸借契約の成立	Aは、被告に対し、令和元年7月20日、甲建物を賃料月額20万円で賃貸した。
転貸借契約に基づく引渡し	Aは、被告に対し、令和元年7月20日、上記賃貸借契約に基づき、甲建物を引き渡した。
背信性の不存在	原告は、Aがバーを経営する目的でAに甲建物を賃貸したものであるが、被告は、Aと当該バーを共同経営している者である。

ウ　再抗弁

原賃貸借が終了すれば、それにより転貸借も終了し、占有権原がなくなりますから、これが再抗弁となります。

もっとも、原賃貸借の終了原因が合意解除の場合、賃貸人は、原賃貸借の終了を転借人に対抗できないのが原則です（民法613条3項）。

Ⅵ 法定債権に基づく給付訴訟

参考文献：大島・要件事実上459頁、要件事実30講470頁

1 概 要

法定債権とは、当事者の意思に関わりなく、法律に基づき成立する債権のことであり、事務管理、不当利得、不法行為がこれに当たります。

法定債権は、その発生要件が法律に明記されているわけですから、条文を見れば請求原因において必要な要件がわかります。

▶そのため、要件事実的な探究はあまり行われていません。

以下、一般不法行為、特殊不法行為（工作物責任）、不当利得を扱います。

2 不法行為に基づく損害賠償請求訴訟

ア 概 要

例えば、あなたが交通事故の被害者である場合、その加害者を被告として、不法行為に基づく損害賠償請求をすることができます（民法709条）。

訴訟物	不法行為に基づく損害賠償請求権

【記載例】 請求の趣旨

被告は、原告に対し、○○万円及びこれに対する令和元年6月20日から支払済みまで年3％の割合による金員を支払え。

イ 請求原因

民法709条は、「①故意又は過失によって②他人の権利又は法律上保護される利益を③侵害した者は、④これによって⑤生じた損害を賠償する責任を負う。」と規定しています（丸数字は筆者挿入）。

被告の不注意（①の「過失」）によって、あなたがその身体（②）に傷害を負い（③）、これによって（④）、治療費を支払った（⑤）場合、あなたには、不法行為に基づく損害賠償請求権が発生するというわけです。

主要事実の例	被告は、令和元年６月20日、○○県……先国道を走行中、赤信号を無視して交差点に進入したことから、同交差点の横断歩道を歩行していた原告と衝突し、原告に全治２か月を要する○○の傷害を負わせた。
	原告は、その治療のために、治療費○○○円を要した。

3　工作物責任に基づく損害賠償請求訴訟

ア　概　要

例えば、あなたが、Ｙの占有している工作物によって損害を被った場合、Ｙを被告として、工作物責任に基づく損害賠償請求をすることができます（民法717条１項）。

訴訟物	工作物責任に基づく損害賠償請求権

【記載例】　請求の趣旨

被告は、原告に対し、○○万円及びこれに対する令和元年６月20日から支払済みまで年３％の割合による金員を支払え。

イ　請求原因

民法717条１項は、「①土地の工作物の設置又は保存に瑕疵があることによって②他人に損害を生じたときは、③その工作物の占有者は、被害者に対してその損害を賠償する責任を負う。」と規定しています（丸数字は筆者挿入）。

被告が占有する（③）、土地の工作物の設置又は保存に瑕疵があること（①）によって、あなたの権利が侵害されて損害が発生した（②）場合、あなたには、工作物責任に基づく損害賠償請求権が発生するというわけです。

主要事実の例	被告が占有する○○県所在の自動販売機が、令和元年６月20日午後２時30分、突然倒れ、その頃、同自動販売機の前を歩行していた原告が、同自動販売機の下敷きとなり、全治２か月を要する○○の傷害を負った。
	原告は、その治療のために、治療費○○○円を要した。

4 不当利得返還請求訴訟

ア 概 要

不当利得については、いわゆる類型論により、給付利得と侵害利得に分けて考察されています。

イ 給付利得

a 概 要

給付利得とは、給付がされたが、その原因となった法律関係が存在していなかったため、当該給付が法律上の原因を欠く場合をいいます。

例えば、あなたが、土地を売って、買主から代金100万円の支払を受けましたが、その後、売買契約が合意解除された場合などです。この場合、あなたは、不当利得として、買主に100万円を返還しなければなりません。

訴訟物	不当利得返還請求権

【記載例】 請求の趣旨

被告は、原告に対し、100万円及びこれに対する令和元年６月20日から支払済みまで年３％の割合による金員を支払え。

b 請求原因

不当利得返還請求権は、民法703条の要件を満たした場合に発生する法定債権ですが、同条は、「①法律上の原因なく、②他人の財産又は労務によって利益を受け、③そのために、④他人に損失を及ぼした者は、⑤その利益の存する限度において、これを返還する義務を負う。」と規定しています（丸数字は筆者挿入）。

このうち、⑤については、利得時に発生した不当利得返還請求権が、利得の減少により消滅した場合のことを規定したものですから、消滅の抗弁になるというのが判例です。

売買代金100万円の交付がされたことで、売主は利益を受け（②）、そのために（③）、買主には損失が発生しました（④）が、売買契約が合意解除されたことで、この利益と損失は、その法律上の原因を失い（①）、不当利得返還請求権が発生したというわけです。

主要事実の例	原告は、被告から、令和元年6月20日、甲不動産を100万円で買った。
	原告は、被告に対し、令和元年6月21日、上記売買代金として100万円を支払った。
	原告と被告は、令和元年7月20日、上記売買契約を解除するとの合意をした。

ウ　侵害利得

a　概　要

侵害利得とは、利益の帰属について権原を有しない者にその利益が帰属しているため、その者による利益の保持が法律上の原因を欠く場合をいいます。

例えば、土地の不法占拠者が、その土地を使用することで利益を得ている場合です。

この場合、その使用利益（当該土地の賃料相当額）を、所有者に対し、不当利得として返還しなければなりません。

訴訟物	不当利得返還請求権

【記載例】　請求の趣旨

被告は、原告に対し、令和元年6月20日から甲土地の明渡済みまで1か月20万円の割合による金員を支払え。

b　請求原因

不当利得返還請求権は、民法703条の要件を満たした場合に発生する法定債権ですが、同条は、「①法律上の原因なく、②他人の財産又は労務によって利益を受け、③そのために、④他人に損失を及ぼした者は、⑤その利益の存する限度において、これを返還する義務を負う。」と規定しています（丸数字は筆者挿入）。

このうち、⑤については、利得時に発生した不当利得返還請求権が、利得の減少により消滅した場合のことを規定したものですから、消滅の抗弁になるというのが判例です。

また、侵害利得では、①についても、立証の公平の見地から、その反対事実（法律上の原因の存在）が障害事由として抗弁に回るとされています（下記c）。

被告は、甲土地を占有することで、その使用利益（＝賃料相当額）を受け（②）、そのために（③）、原告には損失が発生しました（④）から、原告には、被告に対する不当利得返還請求権が発生するというわけです。

主要事実の例	原告は、令和元年６月20日、甲土地を所有していた。
	被告は、令和元年６月20日から現在に至るまで、甲土地を占有している。
	甲土地の賃料相当額は、１か月10万円である。

c 抗弁――法律上の原因

被告は、甲土地を占有する法律上の原因があることを抗弁として提出することができます。いわゆる占有権原の抗弁です。

主要事実の例	原告は、令和元年６月20日、被告に対し、甲建物を無償で貸した。
	原告は、同日、被告に対し、上記使用貸借契約に基づき、甲土地を引き渡した。

第３節　その他

Ⅰ　規範的要件

参考文献：大島・要件事実上320頁、要件事実30講89頁

１　意　義

規範的要件とは、「過失」（民法709条）、「正当な理由」（民法110条）のような、規範的評価を伴う実体要件のことです。

▶規範的要件のうち、法の一般原則を示すものを、狭義の一般条項と呼びます。例えば、信義則違反（民法１条２項）、権利の濫用（民法１条３項）、公序良俗違反（民法90条）などです。

他方、規範的評価を伴わない通常の実体要件のことを「事実的要件」といいます。

２　複合型の規範的要件

⑴　規範的要件の中には、様々な事情を総合判断するものがあります。これを「複合型」の規範的要件といいます。

⑵　規範的要件の典型例は、「正当の事由」（借地借家法６条、28条）です。例えば、マンションの大家さんが、賃貸借契約の終了に基づいて、賃借人に対して、賃貸物の明渡しを求めるためには、「正当の事由」がなければなりません（同法28条）。

そこで、当該マンションの明渡請求訴訟において原告となった大家さんは、請求原因において、「正当の事由」があることを明らかにする必要があります。

原告は、「正当の事由」があると評価されるための事情（評価根拠事実）をいくつも主張立証します。例えば、当該マンションは、今後、原告が使用する必要があることなどです。

これに対し、被告は、「正当の事由」があるとの評価を妨げる事情（評価障害事実）をいくつも主張立証します。例えば、当該マンションは、被告にとっ

て、生活基盤として必要不可欠のものになっており、居住の継続の利益が大変に大きいことなどです。

双方から様々な事情が主張立証され、裁判所は、それらを総合して、「正当の事由」がある又はないと判断します。

(3)　このように、複合型の規範的要件は、法的三段論法によって判断される事実的要件と、判断の構造が全く違います。

複合型の規範的要件	評価根拠事実を一方当事者が主張立証 評価障害事実を他方当事者が主張立証	→ 裁判所が総合判断

3　多様型の規範的要件

(1)　総合判断をしないタイプの規範的要件もあります。「多様型」の規範的要件です。

規範的要件の種類	複合型 多様型

(2)　「多様型」の規範的要件の典型例は、不法行為における「過失」（民法709条）です。

例えば、交通事故訴訟において、「被告が前方を見ずに運転した」という事実が「過失」に当たると評価されるなどです。

他にも、「被告が赤信号を無視した」とか「被告が居眠り運転をした」など、「過失」に当たり得る事実には様々なものがあります。

このように、「多様」な事実が「過失」に当たり得ることから、多様型の規範的要件と呼ばれています。

抽象的要件	主要事実の例
過失	被告が前方を見ずに運転した。

(3)　多様型の規範的要件の判断構造は、事実的要件とほぼ同じです。「前方を見ずに運転した」という事実が「過失」にあてはまるというのは、事実

的要件において、例えば、「銀行の自己宛て小切手を交付した」という事実が「弁済の提供」にあてはまるというのと何ら変わりがありません。違うのは、あてはめの際に「規範的評価」が必要となるということだけです。

⑷　多様型の規範的要件の場合、総合判断ではありませんから、「評価障害事実」もありません。

⑸　ちなみに、同じ「過失」であっても、複合型の場合もあります。例えば、即時取得（民法192条）の要件である「無過失」は、様々な事実から総合判断されるものであり、複合型の規範的要件です。

4　補足：黙示の意思表示

意思表示の中には、契約書による意思表示のように明示的なものがある一方で、黙示の意思表示といわれるものもあります。

例えば、賃借権の譲受人が、賃貸人に賃料を支払ったところ、これに対し賃貸人が何ら異議を述べなかったことが、賃貸人が当該賃借権の譲渡を「黙示的に」承諾したと認められる場合などです。

黙示の意思表示は、通常の事実的要件と同様の「あてはめ」が問題になるにすぎず、規範的要件とは異なるものです。

Ⅱ　特殊な訴訟（一部請求訴訟、債務不存在確認の訴え）

参考文献：司研・類型別2頁、司研・事実記載例集24頁、大島・要件事実上88頁、要件事実30講608頁

1　概　要

ここでは、特殊な訴訟として、一部請求訴訟と、債務不存在確認の訴えを見てみましょう。

2　一部請求訴訟

ア　概　要

あなたが、Yに対し、100万円の売買代金支払請求権を有しているとします。そのうちの40万円だけをYに請求する訴訟を提起してみましょう。

イ 訴訟物

【記載例】 請求の趣旨

被告は、原告に対し、40万円を支払え。

【記載例】 よって書き

よって、被告は、原告に対し、本件売買契約に基づき、代金100万円のうち40万円の支払を求める。

(1) 1個の債権の一部について判決を求める旨を明示して訴えが提起された場合、その一部のみが訴訟物となります（最判昭和34年2月20日民集13巻2号209頁）。

「請求の趣旨」では一部請求であることが明らかになりませんから、「よって書き」等においてそれを明らかにします。

(2) 一部請求であることを明示した訴えに対して勝訴判決がされ、それが確定した後、さらに、当該債権の残部について新たに訴訟を提起することができます。他方、一部請求であることを明示せずに訴えを提起してしまった場合、その勝訴判決が確定した後、当該債権の残部について新たに訴訟を提起することは許されません（最判昭和32年6月7日民集11巻6号948頁）。

ウ 請求原因

請求原因は、全部請求の場合と変わりません。上記の例では、訴訟物たる売買代金支払請求権の発生要件である「売買契約の成立」だけで足ります。

エ 弁済の抗弁

a 全部弁済の抗弁

あなたは100万円の売買代金支払請求権を有していましたが、被告から100万円の弁済がされれば、請求権の全部が消滅します。あなたの一部請求は全部棄却されます。

b 一部弁済の抗弁

(1) では、被告が、30万円だけ弁済した場合はどうでしょう。

あなたが100万円の売買代金のうち40万円だけを請求する訴訟を提起して

いる場合に、30万円の弁済の抗弁が提出されたときの扱いについては見解が分かれています。

判例（最判平成6年11月22日民集48巻7号1355頁）は、この30万円が、あなたが請求していない部分(60万円の部分)にまずは充当されると考えます(一部請求の外側に充当することから、外側説と呼ばれています。)。そのため、30万円の弁済では抗弁になり得ません。

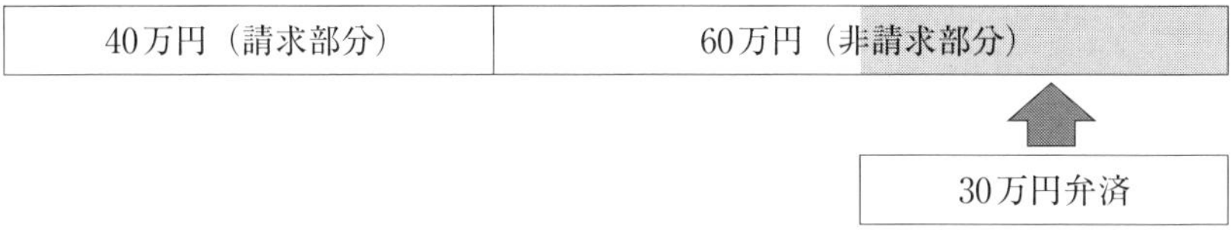

⑵　では、被告が、70万円を弁済した場合はどうでしょう。

あなたが100万円の売買代金のうち40万円だけを請求する訴訟を提起している場合に、70万円の弁済の抗弁が提出されたときは、上記判例の見解によると、外側に60万円が充当され、さらに、あなたが請求している部分にも10万円が充当されます。

そこで、この場合は、あなたの請求を一部消滅させるものとして一部消滅の抗弁となります。裁判所は、あなたの請求を30万円の限度で認容します。

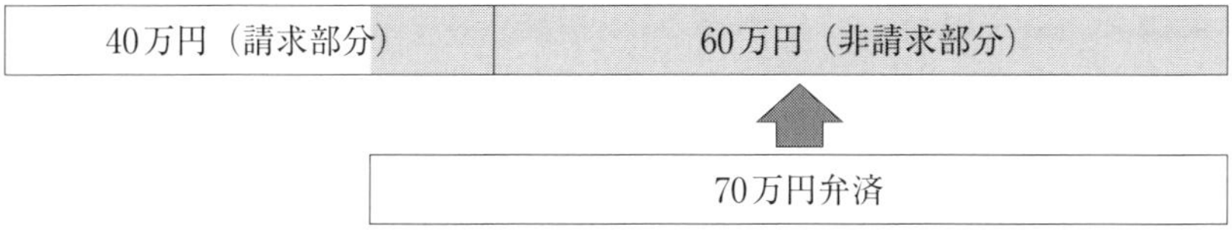

3　債務不存在確認の訴え

ア　概　要

債務が存在しないことの確認を求める訴訟です。

例えば、あなたには、Yに対する売買代金債務などないのに、Yが、あなたに内容証明郵便を送りつけて、売買代金を支払えなどと言ってきたものとします。

このような場合、あなたは、Yを被告として、この売買代金債務がないことの確認を求める訴訟を提起することができます。

イ 訴訟物

例えば、売買代金債務がないことの確認を求める訴訟であれば、裁判所の審理判断の対象は、当該売買代金債務（＝売買代金支払請求権）の存否ですから、それが訴訟物になります。

訴訟物	売買契約に基づく代金支払請求権

【記載例】 請求の趣旨

> 原被告間の令和２年１月20日の売買契約に基づく原告の被告に対する代金債務が存在しないことを確認する。

【記載例】 よって書き

> よって、原告は、上記代金債務が存在しないことの確認を求める。

ウ 確認の利益

(1) 確認の訴えは「確認の利益」がある場合でなければ提起することができません。訴えの利益という「訴訟要件」の問題です。

▶訴訟要件を満たしていなければ、その訴えは不適法なものとして却下されます。

(2) 被告が当該債務の存在を争っていれば、確認の利益が認められます。

エ 主張立証責任

当該債務の発生要件は、被告が主張立証責任を負います。これに対し、その発生障害要件・消滅要件は、原告が主張立証責任を負います。

そこで、当該債務の発生原因の主張は、答弁書又はその余の被告の準備書面において現れることになります。

オ 訴状における請求原因の記載

では、訴状には何を記載すればいいのでしょうか。

上記ウの確認の利益を基礎付ける事実として、被告が、当該債務があると主張していることを記載する必要があります。

そのほかに、訴状の必要的記載事項である「狭義の請求原因」（民事訴訟法133条２項２号）の記載が必要です。訴状において、訴訟物である当該債務を特定する事実の記載をしなければ、その訴状は、不適法なものとして却下される（民事訴訟法137条２項）からです。

通常は、狭義の請求原因は、広義の請求原因の中に含まれていると考えられているため、独立に記載されることはないのですが、債務不存在確認の訴えでは、訴状において広義の請求原因の主張がされないため、民事訴訟法の建前どおり、狭義の請求原因の記載が必要になるというわけです。

▶ところが、世の中に数多ある要件事実の基本書では、この説明が一切されていません。その理由については第５章で取り上げます。

Ⅲ 相 続

参考文献：大島・要件事実上471頁、要件事実30講483頁

1 概 要

相続関係は、戸籍等によって容易に立証することができますから、立証責任が問題になるということは、実務上はまずありません。

そのため、以下の記載は、いわば、要件事実マニア向けということもできます。

2 第１位順位の相続

ア 設 例

あなたの父Ａは、Ｙに対し、令和元年６月20日、甲土地を100万円で売りましたが、同年７月20日に死亡しました。

Ａを相続したあなたが、Ｙに対し、売買代金100万円の支払を請求する訴訟を提起したものとします。

訴訟物	Ａ被告間の売買契約に基づく代金支払請求権

イ 請求原因

Ａ被告間の売買契約の成立により、Ａに売買代金支払請求権が発生し、そ

れを原告であるあなたが相続により取得したものです（民法896条）。

相続は被相続人の死亡により開始します（民法882条）。Aは令和元年7月20日に死亡しました。

子は第1順位の相続人です（民法887条1項）。あなたはAの子ですから、Aの相続人となります。

抽象的要件	主要事実
被相続人に請求権が発生	Aは、被告に対し、令和元年6月20日、甲不動産を100万円で売った。
被相続人の死亡	Aは、令和元年7月20日、死亡した。
被相続人の子であること	原告は、Aの子である。

ウ　抗弁：同順位相続人の存在

あなたに兄が一人いたとすると、当該売買代金債権は、あなたは半分しか相続できないことになります（民法900条4号、899条）。代金の全額について発生していたはずの「あなたの代金支払請求権」が、実は、その半分は発生していなかったことになりますから、これは一部障害の抗弁となります。

3　第2、3順位の相続

ア　設　例

あなたの兄Aは、Yに対し、令和元年6月20日、甲土地を100万円で売りましたが、同年7月20日に死亡しました。

Aを相続したあなたが、Yに対し、売買代金100万円の支払を請求する訴訟を提起したものとします。

訴訟物	A被告間の売買契約に基づく代金支払請求権

イ　請求原因

A被告間の売買契約の成立により、Aに売買代金支払請求権が発生し、それを原告が相続により取得したものです（民法896条）。

相続は被相続人の死亡により開始します（民法882条）。Aは令和元年7月

20日に死亡しました。

兄弟姉妹は第３順位の相続人ですから（民法889条１項２号）、第１、第２順位の相続人がいない場合に初めて相続人になることができます。Ａの弟であるあなたも、第１、第２順位の相続人がいなければ、Ａの相続人になります。

抽象的要件	主要事実
被相続人に請求権が発生	Ａは、被告に対し、令和元年６月20日、甲不動産を100万円で売った。
被相続人の死亡	Ａは、令和元年７月20日、死亡した。
優先する相続人の不存在	Ａには、子がおらず、直系尊属は同日より前に全員死亡した。
被相続人の兄弟姉妹であること	原告は、Ａの弟である。

ウ　抗弁：同順位相続人の存在

あなたに妹が一人いたとすると、当該売買代金債権は、あなたは半分しか相続できないことになります（民法900条４号、899条）。代金の全額について発生していたはずの「あなたの売買代金請求権」が、実は、その半分は発生していなかったことになりますから、これは一部障害の抗弁となります。

Ⅳ　請求異議・第三者異議

参考文献：司研・事実記載例集24頁、要件事実30講612頁

1　請求異議その１――債務名義が判決以外である場合

ア　設　例

あなたは、Ｙさんからお金を借りましたが、その際に、弁済期までに弁済しなければＹさんがあなたの財産を強制執行することを認諾し、その旨を記載した公正証書が作成されました。

その後、あなたは、Ｙさんに貸金の弁済をしましたが、Ｙさんはそれを認めず、この公正証書を使って、あなたの財産を差し押さえようとしています。

そこで、あなたは、この差押えがされないようにするために、Ｙさんを被告として、公正証書の執行力を排除する手続である「請求異議の訴え」を提

起することにしました。

イ　訴訟物

請求異議の訴えで勝訴すると、当該債務名義の執行力が排除され、これに基づく強制執行ができなくなります。

本訴訟の訴訟物は、債務名義の執行力の排除をもたらす「異議権」であり、本訴訟の原告勝訴判決の確定により、この権利が形成されると考えられています。

訴訟物	請求異議権

【記載例】　請求の趣旨

> 被告から原告に対する○○法務局所属公証人○○○○作成令和○年第○○号○○公正証書に基づく強制執行を許さない。

【記載例】　よって書き

> よって、原告は、本件公正証書の執行力の排除を求める。

ウ　請求原因

執行力のある公正証書が存在しているというだけで、あなたの財産は強制執行されるおそれがありますから、それだけで、当該公正証書の執行力の排除をもたらす異議権が形成されると考えられています。

そこで、異議権の形成原因は、執行力のある公正証書があることだけで足ります。

抽象的要件	主要事実の例
執行力のある債務名義の存在	原被告間には、被告を債権者、原告を債務者とする○○法務局所属公証人○○○○作成令和○年第○○号○○公正証書が存在し、同公正証書には次の記載がある。

	(1)　被告は、原告に対し、令和元年7月20日、弁済期を同年9月30日と定めて100万円を貸し付けた。 (2)　原告は、令和元年9月30日までに上記借入金債務の履行をしなかったときは直ちに強制執行を受けることを認諾する。

エ　抗　弁

当該公正証書に記載された請求権が存在し、かつ、当該公正証書が適法に作成されたものであれば、異議権は形成されません。そこで、このことが異議権の発生の障害の抗弁となります。

1　被告は、原告に対し、令和元年7月20日、100万円を貸し付けた。
2　原告は、公証人○○○○に対し、令和元年7月20日、執行認諾の意思表示をし、本件公正証書の作成を嘱託した。

オ　再抗弁

当該公正証書に記載された請求権の消滅・発生障害事由は再抗弁となります。例えば、当該請求権が弁済により消滅しているのであれば、当該公正証書に記載された請求権が存在していないことになりますから、当該公正証書の執行力の排除をもたらす異議権は形成されます。

抽象的要件	主要事実の例
当該公正証書に記載された請求権の消滅・発生障害事由	原告は、被告に対し、令和元年9月30日、本件借入金債務の履行として100万円を弁済した。

2　請求異議その2——債務名義が判決である場合

ア　設例・訴訟物

(1)　あなたは、Yさんに100万円を支払えという敗訴判決を受け、これが確定したため、Yさんに100万円を支払いましたが、Yさんはそれを認めず、この判決を使って、あなたの財産を差し押さえようとしています。

そこで、あなたは、この差押えがされないようにするために、Ｙさんを被告として、判決の執行力を排除する手続である「請求異議の訴え」を提起することにしました。

⑵ 訴訟物は、上記１と同様です。

訴訟物	請求異議権

【記載例】 請求の趣旨

> 被告から原告に対する○○地方裁判所令和○年(ワ)第○○号○○請求事件の判決に基づく強制執行を許さない。

【記載例】 よって書き

> よって、原告は、本件判決の執行力の排除を求める。

イ 請求原因

判決の場合、請求権の存在は、その判決自体で明らかですし、また、判決は適法に作成されたものです。公正証書の場合の抗弁事実（上記１エ）が、請求原因で現れてしまうということです。そこで、当該請求権の発生障害・消滅事由（上記１オ）をも請求原因において明らかにする必要があります。

抽象的要件	主要事実の例
判決書の存在	原被告間には、○○地方裁判所令和○年(ワ)第○○号○○請求事件についての確定判決があり、同判決は、原告に対し、原被告間の令和元年６月20日の別紙物件目録記載の土地の売買契約に基づく売買代金100万円及びこれに対する令和元年６月20日から支払済みまで年３％の割合による遅延損害金を被告に支払うよう命じ、かつ、訴訟費用を原告の負担としている。

当該判決書に記載された請求権の発生障害・消滅事由	原告は、被告に対し、令和元年７月20日、上記売買代金債務の履行として100万円を弁済した。

3　第三者異議

ア　設　例

甲不動産は、あなたの所有物であるのに、Ａの所有物と間違えられています。

Ａの債権者であるＹが、Ａとの間で作成した公正証書を使って、甲不動産を差し押さえたのです。このままでは、甲不動産は、競売により、第三者のものになってしまいます。

そこで、あなたは、この差押えをやめさせるために、Ｙを被告として、上記公正証書の執行力を、甲不動産に対する限りで排除するための手続である「第三者異議の訴え」を提起することにしました。

イ　訴訟物

上記の訴えの原告勝訴判決が確定すると、当該公正証書の執行力が、甲不動産に対する限りで排除されます。

本訴訟の訴訟物は、債務名義の執行力を当該財産に対する限りでの排除をもたらす「異議権」であり、本訴訟の原告勝訴判決の確定により、この権利が形成されると考えられています。

訴訟物	第三者異議権

【記載例】　請求の趣旨

> 被告が原告に対する○○法務局所属公証人○○○○作成令和○年第○○号○○公正証書に基づき別紙物件目録記載の土地に対してした強制執行は、これを許さない。

【記載例】　よって書き

> よって、原告は、上記差押えの排除を求める。

ウ　請求原因

当該公正証書による甲不動産に対する強制執行により、甲不動産に係る原告の権利（＝所有権）が侵害される場合に、原告に異議権が発生します。

そこで、甲不動産につき強制執行がされたことと、原告が甲不動産の所有権を有していることが請求原因として必要になります。

抽象的要件	主要事実の例
当該物につき強制執行がされたこと	被告は、Aに対する○○地方裁判所令和元年(ワ)第○○号○○請求事件の確定判決に基づいて、同裁判所執行官に対し、強制執行の申立てをし、同裁判所執行官は、令和元年7月20日、別紙物件目録記載の土地（以下「本件土地」という。）に対し差押えをした。
当該執行により原告の権利が侵害されること	Aは、令和元年6月20日、本件土地を所有していた（被告が争っていないものとする）。 Aは、原告に対し、同日、本件土地を100万円で売った。

コラム

給付訴訟の審理判断の対象

1　本書では、民事訴訟の審理判断の対象（＝訴訟物）は請求権であると繰り返し説明してきました。

確かに、請求権の確認訴訟では、まさに請求権の存否のみが審理判断の対象となります。

ところが、民事訴訟の圧倒的多数を占める給付訴訟では、実は、請求権の存否以外にも審理判断すべきことがあります。

2　給付訴訟の提起は、単に請求権の存在の確認を求めているだけではありません。給付訴訟を提起すること自体で、その請求権を行使しているものです。そこで、この行使の可否についても当該訴訟の中で争われることがあります。いわゆる阻止の抗弁が提出された場合です。

例えば、売買代金支払請求訴訟は、原告が売買代金支払請求権を訴訟上行使しているものですが、被告は、同時履行の抗弁権によって、この行使を阻止することができます。この場合､売買代金支払請求権の存在が認められても、直ちに原告の請求が認容されるわけではなく、さらに、原告がこの請求権を行使することができるか否かの審理判断が必要となるのです。

3　民事訴訟の提起は、国家に対し権利の救済を求めるものですが、単に権利の存在等を確認してもらうだけの確認訴訟と異なり、給付訴訟は、判決の確定に続く強制執行によって権利が実現されるものです。そのため、給付訴訟における勝訴判決は、単に、請求権の存在や給付の内容を明らかにするだけではなく、それに基づく強制執行が可能であることをも国家が宣言するものであると考えられています。そのため、給付訴訟の中で、強制執行の可否について争われた場合、そのことも、訴訟物に準ずるものとして、審理判断の対象になると考えられています。

例えば、当事者間で、強制執行をしない合意がされていたとすると、被告は、この合意の存在を、給付訴訟の中で主張することができ、この場合、その合意の存否も、当該給付訴訟の中で審理判断されます。

このように、給付訴訟では、強制執行の可否等も訴訟物に準ずるものとなります。所有権に基づく建物収去土地明渡訴訟では、「建物収去」の強制執行を可能とするために、これを訴訟物に準ずるものとして扱うのです。

第5章

要件事実段階

第1節　要件事実総論

Ⅰ　要件事実の概要

1　要件事実教育

⑴　司法試験に合格すると、司法修習生となって司法研修所に入所することができます。

戦後の司法研修所は、いわゆる「法曹一元」が実現し、裁判官志望者、検察官志望者、弁護士志望者が、全員同じ授業を受けることになりました。

そのため、司法研修所の科目は、裁判官養成のための「民事裁判」、「刑事裁判」、検察官養成のための「検察」、弁護士養成のための「民事弁護」、「刑事弁護」の五つとなり、司法修習生全員が、その全部を受講することになったのです。

⑵　このうち「民事裁判」科目では、民事裁判官にとって最も重要な職務である「民事判決書」の作成の練習が中心となりました。

その中でも重視されたのが「要件事実」です。昭和20年代後半に、村松俊夫司法研修所民事裁判教官の提唱により、要件事実教育が始まり（田尾桃二・法曹時報44巻6号1031頁、田尾桃二・判タ630号87頁）、それは、年月を重ねるうちに、精緻なものになっていきました。

⑶　要件事実は、司法研修所に入って初めて学ぶものであったため、超難関である司法試験の合格者であっても、その内容には随分と戸惑ったものでした（前田達明・判タ596号2頁）。

2　要件事実の意義

⑴　当時の民事判決書（以下「在来様式の判決書」といいます）は、大きく二つの部分に分かれていました。

前半は、請求原因、抗弁といった攻撃防御方法ごとに、当事者がした具体的事実の主張及びそれに対する認否を記載する「当事者の主張」欄であり、後半は、事実認定、すなわち、当事者の主張した具体的事実が証拠等によって認められるか否かを記載する「理由」欄です。このうち、要件事実に関わるのは、前半の「当事者の主張」欄です。

在来様式の判決書	当事者の主張　欄 理　　　　由　欄

⑵　裁判官が判決書を作成する際には、口頭弁論が終結しており、当事者の具体的事実の主張は出揃っています。訴状、答弁書、準備書面に記載されているほか、期日において口頭でされた主張は、期日調書に記載されています。

裁判官は、その全ての主張に基づき、原告がいかなる請求権を訴訟物にしているのかを認定します。多くの訴訟では、複数の請求権が訴訟物とされており、訴訟の途中で追加された請求権もあり、また、請求同士の関係も様々でした（主位的請求、予備的請求など）から、訴訟物を正確に把握するには、それなりの知的労力を要しました。

次に、裁判官は、当事者がした全ての具体的事実の主張の中から、「あるべき」請求原因事実の主張を抽出します。裁判官は、原告がした「請求原因」の構成にはとらわれません。それが正しいとは限らないからです。また、請求原因事実の主張は、被告がすることもできます。

裁判官は、当事者の具体的事実の主張の中から、あるべき請求原因事実の主張として抽出したものを、判決書の「当事者の主張」欄の「請求原因」欄に記載し、続いて、それに対する被告の認否を記載します。

次に、裁判官は、当事者の全ての具体的事実の主張の中に、「あるべき」抗弁事実の主張があれば、それを抽出し、「当事者の主張」欄の「抗弁」欄に記載し、続いて、それに対する原告の認否も記載します。再抗弁以下も同様です。

▶どのような請求原因、抗弁が提出されているのかという「ブロックダイアグラム」の構築は、一種の法律解釈ですから、弁論主義の第１テーゼは及びません。弁論主義の第1テーゼが及ぶのは、具体的な事実自体についてのみです（兼子一・新修民事訴訟法体系（増補版）200頁（1965年、酒井書店））。

⑶ このように、裁判官が、口頭弁論の終結後に、訴訟に現れた当事者の全ての具体的事実の主張の中から、各攻撃防御方法の「あるべき」事実を抽出して、在来様式の判決書の「当事者の主張」欄に記載することを「事実の摘示」といい、摘示された事実を「要件事実」といいます。

3 要件事実の摘示の困難性

⑴ 例えば、被告が、ある準備書面において、「弁済の提供」の抗弁として、原告に小切手を交付したことを記載していたとします。個人振出しの小切手の交付だけでは、その小切手が確実に支払われるとは限らないから、弁済の提供には当たらないというのが判例です。したがって、この主張を「当事者の主張」欄の「抗弁」欄に摘示することはできません。

⑵ しかし、被告が、また別の準備書面で、当該小切手は銀行の支払保証を受けていたとの記載をしていたのであれば話は別です。そういう小切手であれば支払は確実ですから、その小切手を交付しただけで弁済の提供に当たります。判決書の「当事者の主張」欄の「抗弁」欄に「弁済の提供」とのタイトルを付した上で、「被告は、原告に対し、令和２年１月20日、○○銀行が支払保証をした別紙小切手目録記載の小切手を交付した。」との事実を摘示することができます。要件事実の摘示は、別々の準備書面にある複数の主張を組み合わせてされることもあるのです。

⑶ このように、判決書における要件事実の摘示というのは、準備書面等にある当事者の主張をそのままコピペすれば済むような単純作業ではありません。

時には膨大な量にもなる訴訟記録中の当事者の全ての具体的事実の主張を精査して、各攻撃防御方法においていかなる具体的事実の主張がされているのかという「主張の認定」をし、それが当該要件に「あてはまる」かという法的判断もするものですから、大変な知的労力を要します。

そのため、在来様式の判決書は、「当事者の主張」欄が完成すれば、全体の７割以上は完成したと言われたものです（中野貞一郎・法学教室282号116頁）。

裁判官は、常時100件以上もの事件を抱えている中で、日々、この作業をこなしていかなければならないのです。

4　要件事実教育の成果

⑴　判決書の「当事者の主張」欄に「要件事実」を正確かつ迅速に摘示することができるようになるためには、相当な訓練を経る必要があります。

そこで、司法研修所の「民事裁判」科目では、実際の裁判記録を模した模擬記録を作成し、それに基づいて判決書の「当事者の主張」欄の起案をさせる演習が中心となりました。

当時の司法修習は２年間もありましたし、合格者数も少なかったため、修習期間中にこの演習及びその指導を十分にすることができました。司法修習生らは、最初は全く歯が立たないものの、次第にそれらしい起案ができるようになっていきます。

司法研修所の卒業試験（＝二回試験）でも、かなり分量の多い模擬記録が配付され、複雑なブロックダイアグラムになる事件が出題されましたが、ほとんどの司法修習生が、難なくクリアし、法曹へと巣立っていったのです。

⑵　法曹の法曹たるゆえんは、「主張の整理」が正確にできることです。事実認定は法曹でなくてもできます。むしろ、名探偵などの方が真実に迫れるのかもしれません。また、専門訴訟などで必要となる専門的知識は、法曹は専門家に全くかないません。訴訟物や攻撃防御方法の内容を正確に把握する「主張の整理能力」こそが、法曹がその価値を発揮するところなのです。

要件事実教育は、この「主張整理能力」を飛躍的に高めるものとして、法曹自慢の教育システムとなりました。

裁判官は、要件事実教育を受けた上で、「当事者の主張」欄の作成手法に従っていれば、どんなに経験の浅い裁判官でも、主張の整理の「正解」にたどり着くことができました。このことが、日本の民事裁判を一定レベル以上の水準に保つための大きな役割を果たしました。

また、弁護士も、要件事実教育を受けていますから、裁判官と同レベルの主張整理能力を習得しています。訴状等の裁判文書は、生の事実を法的観点から再構成する必要がありますが、弁護士が作成する裁判文書は、裁判官から見ても十分に合格点が与えられるものとなっていたのです。

▶井上哲男元司法研修所教官は、「要件事実は争点と証拠の整理を行うための『共通言語』と言ってよいと思います」と述べられています（自由と正義2000年5月号69頁）。

(3)　また、要件事実教育をしている司法研修所民事裁判教官室においても、要件事実についての様々な研究をし、その成果が書籍という形で後世に伝えられることになりました。昭和36年３月に、吉岡進教官らによる『民事訴訟における要件事実について(1)（民法総則）』（司法研修所報26号164頁）が発表されたのを皮切りに、伊藤滋夫教官らによる『民事訴訟における要件事実第１巻（増補版）』（昭和60年）、同『第２巻』（昭和57年）、加藤新太郎教官らによる『紛争類型別の要件事実』（平成11年）などの書籍の出版が続きました。

5　要件事実の意味の変化

(1)「要件事実」は、ドイツ民法から輸入した概念ですが、もともとは、請求原因等の攻撃防御方法における「抽象的要件」のことを意味しており、村松俊夫司法研修所民事裁判教官が要件事実教育を始めた頃も、その様に考えられていました（田尾桃二・判タ630号87頁）。「抽象的要件」（－要件事実）に該当する具体的事実のことは「主要事実」と呼ばれていました。

(2)　しかし、判決書の「当事者の主張」欄の作成は、既にされている当事者の具体的な事実の主張の中から、各攻撃防御方法の「あるべき事実」の主張をピックアップするという作業をするものです。

ピックアップした具体的事実を、いったん抽象化して、「抽象的要件」（＝要件事実）とした上で、それに該当する「主要事実」に再び戻すという作業は、煩雑ですし、どれほどの意味があるのでしょうか。

ピックアップした具体的事実自体について、それが「あるべき事実」かどうかを検討すれば足りるはずです。そうであれば、「あるべき事実」のことを「要件事実」と呼ぶ方が、実際の作業内容に合っています。

こうして、要件事実の意味は、次第に、「抽象的要件」から「具体的事実」へと変わっていったのです。

▶抽象的要件には、事実要件だけではなく、権利要件もありますが、後者について要件「事実」と呼称することも問題とされました（石川義夫司法研修所民事裁判教官・新実務民事訴訟法講座２巻３頁（1981年、日本評論社））。この頃から、要件事実の意味が変わったようです（倉田卓次監修・要件事実の証明責任―契約法上６頁（1986年、西神田編集室））。

Ⅱ　要件事実の機能

1　概　要

要件事実は、当該訴訟において当事者がした全ての具体的事実の主張の中から抽出され、判決書の「当事者の主張」欄の各攻撃防御方法欄に摘示されるものですが、要件事実の摘示は、以下のような実践的な機能をも有しています。

2　要証事実の確定

民事訴訟のメーンイベントは証拠調べです。証人尋問などの立証活動が行われ、その結果を用いて、事実の存否の認定がされます。

そのため、証拠調べに先立って、各当事者がいかなる事実を立証しようとするのかを明らかにしておく必要があります。

例えば、弁済の抗弁が提出されている場合、「被告は本件売買代金債務の弁済として100万円を支払った」という主張では、いかなる事実を立証するのかが具体的にはわかりません。「被告は、本件売買代金債務の弁済として、原告の○○銀行の普通預金口座に100万円を振り込んだ」などの具体的な事実を要件事実とする必要があります。

このように、判決書の「当事者の主張」欄における要件事実の摘示は、その後のメーンイベントである「理由」欄において認定されるべき事実が何であるかを明らかにするものであり、このことが、実務的には最も重要な意義を有しています。

若い左陪席裁判官が、「当事者の主張」欄に、単に「弁済した」などと摘示してしまうと、裁判長から、この場合の「要件事実」は何ですかと尋ねられたものです。「弁済」の内容を具体化すべきであるという裁判長からの指摘だったのです。

3 主張の有無の確認

⑴ 各当事者には、それぞれ、主張責任を負っている法律要件があります。その法律要件に該当する事実の主張がされていなければ、主張段階で既に、その事実が認められないことが確定します。弁論主義の第1テーゼです。

そこで、裁判官は、判決をする際に、各当事者が主張責任を負う法律要件ごとに、それに該当する事実の主張の有無を確認する必要がありますが、要件事実の摘示は、その確認機能をも有しています。

⑵ 例えば、ある抗弁はABCの三つの要件から成っていますが、そのうちBの要件に該当する事実の主張がいずれの当事者からもされていなかったのであれば、その抗弁は、主張段階で既に認められません。こういう場合を、当該抗弁は「主張自体失当」であるといいます。

4 あてはめの評価

⑴ 「弁済の提供」に該当する事実の主張が必要であるとします。その場合に、当事者が、個人振出しの小切手の交付を主張していたとしても、それは、「弁済の提供」には当たらないというのが判例ですから、その主張は、「当事者の主張」欄に摘示しません。他方、銀行の自己宛て小切手の交付であれば、「弁済の提供」に当たるというのが判例ですから、その主張は、「当事者の主張」欄に摘示することができます。

ある事実が、当該法律要件に該当するか否かを判断することを「あてはめ」の評価といいます。

要件事実は、この「あてはめ」の評価を経て、「当事者の主張」欄に摘示されるものです。要件事実を摘示するだけで、既に裁判所の判断が一つなされているということです。

⑵　なお、法的三段論法において、「あてはめ」は小前提の一部に位置付けられます。

▶「あてはめ」は「具体的法律判断」ともいわれます（倉田卓次・民事実務と証明論256頁（1987年、日本評論社））。

大前提	法律要件が充足されれば法律効果が発生するという抽象的定め
小前提	当該法律要件にあてはまる具体的事実の存在
結　論	具体的な法律効果の発生

5　事実認定の手段――玉ねぎの皮むき理論

要件事実は、それ自体が事実認定の手段としても用いられるようになりました。玉ねぎの皮むき理論と呼ばれています。

例えば、被告が、弁済の抗弁として、「当該売買代金債務の弁済として100万円を支払った。」と主張した場合、裁判官は、被告に対し、どういう方法で支払ったのかを確認する釈明をします（「要件事実は何ですか」と尋ねます）。被告が、「現金を手渡して交付した」と主張すると、裁判官はさらに釈明をし、その現金をどうやって入手したのかを確認します。このように、主張を具体化させていくと、そのうちに、矛盾が現れることがあります。実は被告には多額の現金の入手先がなかった場合などです。証人尋問などの証拠調べをするまでもなく、被告が主張した事実（＝現金を入手してそれを手渡して売主に交付した）は認められないことになります。

このように、最初は漠然として中身が見えない主張を、一つ一つ皮をむくようにして、その中身を明らかにしていくことで、証拠調べを経るまでもなく事実の存否が明らかになるという事実認定の手法は「玉ねぎの皮むき理論」と呼ばれています。

Ⅲ 要件事実論における立証責任

1 駒場家に発生した問題

久しぶりに駒場家に話を戻してみましょう。孝君のその日の宿題は、国語の教科書を読むというものでした。

実は、駒場家で、孝君が宿題をしたのか否かの判断をするのはお父さんでした。そこで、孝君は、帰宅したお父さんに対し、夕食前に宿題が終わったことを報告したのですが、それを聞いていた妹が、孝君は宿題をせずにずっと寝ていたと言い始めたのです。お父さんは、どちらが本当のことを言っているのかわかりません。

そのため、お父さんは、孝君にデザートのケーキを食べさせてよいのか、わからなくなってしまいました。

2 いわゆるノンリケット

裁判官は閻魔様ではありませんから、どんなに証拠調べをしても事実の存否がわからないことがあります。これをノンリケットといいます。

しかし、人々が「白黒」をつけるために裁判を起こしているのですから、「調べてもわかりませんでした。ごめんなさい」では済みません。

そこで、昔のドイツの民事訴訟では、ノンリケットが生じると、「宣誓」によって事実の存否を決めていました（並木茂・法曹時報50巻12号1頁）。「補充宣誓」がされると、その事実は存在したとされ、逆に、「雪冤宣誓」がされると、その事実は存在しないとされたのです。

しかし、宣誓という多分に宗教的な意味合いがあるもので事実の存否を決めるというのは、科学的ではありません。民事訴訟を近代的なものとするために、宣誓の制度は1933年に廃止されました。

3 駒場家の新ルール

⑴ さて、駒場家ではルールの変更が行われました。新ルールは、「夕食前に宿題が終わったことをノートの記載や録音媒体などで確認できたら、お母さんからケーキがもらえる。」というものです。

孝君は、その日は、教科書を読んだ証拠である録音をお父さんに聞かせて、お母さんからケーキをもらえる権利を獲得しました。

(2)　これを「法的三段論法」で説明してみましょう。

最終「結論」は、孝君が、その日、お母さんからケーキをもらえる権利を獲得したことです。

この結論を導くための「大前提」として、「夕食前に宿題が終わったことを録音媒体等で確認できたら、お母さんからケーキをもらえる」というルールが、まず、なければなりません。

次に、実際に孝君が夕食前に宿題を終わらせたことを録音媒体などで明らかにしたことも必要です。これが「小前提」です。

「大前提」としてのルールがあり、孝君が実際に宿題をしたことを録音媒体などで明らかにしたという「小前提」があれば、お母さんからケーキをもらえる権利の獲得という「結論」にたどりつきます。

[法的三段論法]

大前提（ルール）

夕食前に宿題が終わっていたことが録音媒体等で確認できたら、お母さんからケーキをもらえる。

小前提（ルールの実現）

孝君は、その日、夕食前に宿題を終えたことを録音媒体で明らかにした。

結　論

孝君は、その日、お母さんからケーキをもらえる権利を獲得した。

(3)　プロローグにおける駒場家のルールとの違いは、宿題が終わったという事実を録音媒体等により「立証」することまでが、ルールに加えられたことです。

これまで、立証は、「法的三段論法」の「小前提」の成立を明らかにするためのものとされていましたが、それだけでなく、「法的三段論法」の大前提にも「立証」を加えたのです。

このルールの改正により、駒場家のお父さんは、子供たちがお母さんからケーキをもらえるかどうかの判断に困ることはなくなったのです。

4　ローゼンベルクの登場

この駒場家の新ルールを考えたのがドイツのローゼンベルクさんでした。

ドイツでは、宣誓が廃止されたことで、ノンリケットが生じた場合の対処方法がなくなってしまいました。これでは、ノンリケットが生じると、たちまち裁判官が立ち往生してしまいます。

ローゼンベルクさんの見解では、法的三段論法の大前提に「立証」が加わりますから、ノンリケットということはなくなりました。

5　立証責任

⑴　通常の法的三段論法では、主要事実の存在が立証できなくても、ノンリケットに持ち込めば、宣誓などにより主要事実の存在が認められて、請求権の発生等の法律効果が認められることがあります。宣誓が非科学的だというのであれば、ノンリケットになった場合のルール（＝証明責任規範）を予め定めておくという方法もあります。この証明責任規範説は最近有力になりつつあり、日本でも支持する学者が増えています。

▶なお、民法117条1項の「証明」は、証明責任規範とみることもできます。

⑵　しかし、ローゼンベルクさんが考案した特殊な法的三段論法では、主要事実の立証ができなければ、それまでです。

そして、これは主張責任と同じような構造になっています。主要事実の「主張」がなければ、一方当事者が不利益を受けるというのが主張責任でしたが、ローゼンベルク説によると、主要事実の「立証」がなければ、法的三段論法が成立せず、一方当事者が不利益を受けるというものだからです。

そこで、ローゼンベルクさんは、これによる不利益のことを「立証責任」と呼ぶことにしました。

即ち、請求権の発生要件について、主要事実の「立証」がなく、上記の法的三段論法が成立しなければ、請求権は発生しませんが、これにより不利益を受けるのは、請求権の発生が認められない原告です。したがって、この要件は原告が立証責任を負います。

また、請求権の消滅・発生障害・阻止要件について、主要事実の「立証」がなく、上記の法的三段論法が成立しなければ、これらにより不利益を受けるのは、請求権の発生（又は行使）が認められてしまう被告です。したがって、これらの要件は被告が立証責任を負います。

立証責任をこのように解する見解は、「法律要件分類説」又は「規範説」と呼ばれるようになりました。

6　日本におけるローゼンベルク説の広がり

⑴　日本では、ローゼンベルクさんの立証責任に関する見解が、兼子一博士によって取り入れられました（兼子一・民事訴訟法体系（酒井書店、1954年））。

その後、これが通説化し（石田譲・証拠法の再構成40頁（東京大学出版会、1980年））、ローゼンベルクさんが書いた「証明責任論」の日本語訳（1972年）が出版されるなどする中で、司法研修所民事裁判教官室においても、急速に、ローゼンベルク説が意見の大勢を占めるようになったのです（並木茂・判タ971号52頁）。

⑵　請求原因の発生要件は、原告に主張責任がありますが、ローゼンベルク説によると、立証責任も原告にあります。原告に主張立証責任があるということです。逆に、請求原因の発生障害・消滅・阻止要件は、被告に主張立証責任があります。

日本の現在の実務は、この説を採用しています。例えば、ある請求権の発生要件であるABCのうち、Bについては、原告に立証させるのは酷であるが、その反対事実を被告が立証するのは容易であるとします。この場合に、立証の公平の見地から、Bの反対事実を障害要件に回す（=「大前提」自体を変える）ことがありますが、そのことについて、「Bについては、その反対事実につき、被告が主張立証責任を負う。」といった表現をします。

⑶　上記⑵の例で、Bが当該請求権発生の本質的な要件であるときは、単に立証の公平という観点だけで、それを発生要件から外してしまうことが、実体法の解釈として困難な場合があります。

▶例えば、準消費貸借契約の成立要件である「旧債務の存在」、債務不履行に基づく損害賠償請求権の発生要件である「債務の不履行」、無権代理人に対する請求権の発生要件である「請求の相手方が無権代理人であること」などです。

そういう場合、Bを請求権の発生要件としたままで、「公平の見地」から、その反対事実を被告が立証すべきであるとすることが考えられます。この考え方は、ローゼンベルクの規範説では説明できないものであり、修正規範説と呼ばれています。

▶この説は、証明責任規範説を一部採用しているものということもできます。

この場合、Bの反対事実が、「当事者の主張」欄の「抗弁」欄に摘示されることになりますが、それは、後に第3節で詳しく説明するとおり、その事実を被告が立証すべきであるから同欄に摘示するものです。同欄に摘示した理由が、実体要件自体を障害要件に変えてしまったからなのか、それとも、「公平の見地」から立証のルールを修正したにすぎないのかについては、別に明らかにする必要はありません。このように、要件事実論では、比較的融通無碍に、法律効果の発生要件の反対事実を、反対当事者の欄に摘示することができますが、そのことにより、訴訟における立証の公平が図られてきました。

▶そして、こうした運用は、法的三段論法の考え方に問題があるローゼンベルク説（＝実体要件の中に「立証」を組み込んでいる）を脱却し、証明責任規範説へと改説する契機となり得たものですが、残念ながら、司法研修所民事裁判教官室が立証責任についての理論的考察を深めることはありませんでした。

▶なお、証明責任規範説については、本章の章末コラムを参照して下さい。

第２節　要件事実論における「主張」

Ⅰ　要件事実論における「主張」

１　概　要

本書の第４章までは、当事者が具体的事実の「主張」をする際のルールについて説明をしてきたものですが、要件事実論は、当事者が具体的事実の主張をした後に、裁判所が、その中から、「あるべき」事実の主張を抽出し、それを、判決書の「当事者の主張」欄に摘示する際のルールであるため、第４章までには現れなかった、独自の問題が生じます。

２　黙示的主張

例えば、原告の全ての主張を、全体を通して眺めてみると、原告が、明示的には主張していないが、黙示的に、ある事実を主張していると読み取れる場合があります。例えば、Ａという事実の主張がされており、そうであれば、その前提となるＢという事実の主張も当然にされているはずであると認めることができる場合です。

このような場合、黙示的に、その主張がされているものと認めて、それを判決書の「当事者の主張」欄に摘示することができます。これを黙示的主張といいます。

黙示的主張を認めた最高裁判決もあります（最判昭和36年２月28日民集15巻２号324頁）。

３　概括的主張

当事者は、とかく詳細な主張をすることがありますが、それを、そのまま、判決書の「当事者の主張」欄に摘示するわけではなく、裁判官は、それを短くまとめて摘示することがあります。

とりわけ、相手方当事者が特段争っていない事実や顕著な事実については、事実認定をする必要がない又は容易に事実認定をすることができますから、詳細な主張を摘示する必要がありません。

このことは、とりわけ、「契約不適合」、「占有」などといった抽象度の高い事実要件の場合に問題となります。

例えば、請負工事に「契約不適合」があったことを、相手方当事者が特段争っていない場合であれば、「完成した建物は契約に適合していなかった」といった程度の摘示でも足りることもあります。

4 過剰主張

当事者がした具体的事実の主張のうち、判決書の「当事者の主張」欄に要件事実として摘示されるのは、当該攻撃防御方法による法律効果が生ずるのに必要最小限の事実に限られます。それ以外の事実の主張は「過剰主張」と呼ばれ、同欄に摘示されることはありません。

「当事者の主張」欄に摘示された事実は、事実認定の対象となり、証拠調べが必要となります。そのため、必要のない事実認定をしなくても済むように、「当事者の主張」欄では、過剰主張を排除しておく必要があるのです。

5 a＋bの理論

⑴ 過剰主張の排除の理論は、その後、a＋bの理論（オッカムのカミソリ）という、やや技巧的な理論に発展しました。

⑵ 例えば、被告が、a事実を要件事実とする抗弁Aと、a事実とb事実を要件事実とする抗弁Bのいずれも提出できるものとします。

この場合、a事実の存在が確定すれば、抗弁Aにより請求を排斥することができます。他方、a事実が確定しなければ、抗弁Aも抗弁Bも成立しませんから、請求は排斥できません。

いずれにしてもa事実が必要であり、かつ、a事実のみで十分です。そこで、判決書の「当事者の主張」欄の「抗弁」欄には、抗弁Aのみを摘示します。b事実は過剰主張ですから、同欄に抗弁Bを摘示することは許されません（金洪周・要件事実論の理解31頁（2006年、辰已法律出版））。

⑶ もっとも、抗弁Aに対する再抗弁が提出されている場合は別です。この場合、抗弁Aは再抗弁によって覆滅されることがあり得ますが、そのと

きは抗弁Bが意味を持つからです。この場合を「許されたa＋b」といいます。

もっとも、この場合も、抗弁Bは、抗弁Aが再抗弁によって覆滅された場合に備えて予備的に提出されているものにすぎません。そこで、抗弁Bは「予備的抗弁」と呼ばれています。これに対し抗弁Aは「主位的抗弁」といいます。

「当事者の主張」欄において、抗弁Bは、「予備的抗弁」であることを明記して摘示されます。

(4)　以上は、抗弁を例にして説明しましたが、請求原因や再抗弁以下でも同様にa＋bの問題が生じます。

本書では、具体例として、「代理権消滅後の表見代理」、「通謀虚偽表示無効と第三者」、「解除後の第三者」を取り上げてみたいと思います。

Ⅱ　代理権消滅後の表見代理

参考文献：司研・類型別80頁、大島・要件事実上101頁、要件事実30講117頁

1　概　要

(1)　要件事実論に特有な理論である「a＋bの理論」の具体例をいくつか見てみたいと思います。一つ目は、代理権消滅後の表見代理です。

(2)　あなたは、「Yさんの代理人」であるAさんに対し、甲ぬいぐるみを10万円で売りました。

ところが、Yさんは、この売買の際には既にAさんの上記代理権が消滅していたと主張しています。

あなたは、この消滅を知りませんでしたから、民法112条1項に基づいて、Yさんに対し、上記売買契約の成立を主張することができるはずです。

民法112条1項は、「他人に代理権を与えた者は、代理権の消滅後にその代理権の範囲内においてその他人が第三者との間でした行為について、代理権の消滅の事実を知らなかった第三者に対してその責任を負う」と規定しているからです。

そこで、あなたが、Yさんに対し、売買代金10万円の支払を請求する訴訟を提起したものとします。

訴訟物	売買契約に基づく代金支払請求権

【記載例】 請求の趣旨

被告は、原告に対し、10万円を支払え。

2 原告がした主張

①売買契約を締結したのは、あなたとAさんですが、②その効果は、民法112条1項により、AさんではなくYさんに帰属します。

そこで、請求原因としては、①あなたと「Yさんの代理人であるAさん」が売買契約を締結したこと、②YさんがAさんに授与していた代理権は①の売買契約締結時には既に消滅しており、それをあなたは知らなかったことが必要となります。

そこで、原告は、請求原因事実として、以下のⅰ～ⅴの主張をしました。

	抽象的要件	具体的事実
ⅰ	代理人による契約の締結	Xは、Aに対し、令和元年8月20日、甲ぬいぐるみを100万円で売った。
ⅱ	顕名	Aは、ⅰの際、Yのためにすることを示した。
ⅲ	代理権の授与	Yは、Aに対し、令和元年6月20日、ⅰの代理権を授与した。
ⅳ	代理権の消滅	Yは、Aに対し、令和元年7月20日、上記代理権を消滅させる旨の意思表示をした。
ⅴ	善意	Xは、ⅰの際、Aの代理権が消滅していないと信じていた。

3 要件事実

(1) 裁判官は、上記2の原告の主張から、請求原因となるべき事実の主張を抽出して、あるべき請求原因を構築します。これが要件事実です。その際、原告がした請求原因の構成には拘束されません。

⑵　上記２の原告の請求原因のうちⅰないしⅲの事実があれば、有権代理に基づく売買代金支払請求訴訟の請求原因が成立します。

そこで、裁判官は、「当事者の主張」欄の「請求原因」欄に、有権代理の主張を摘示します。上記２のⅳ及びⅴは過剰主張であり、a＋bの理論により、要件事実として摘示することは許されません。

	請求原因の抽象的要件	要件事実
ⅰ	代理人による契約の締結	Xは、Aに対し、令和元年８月20日、甲ぬいぐるみを100万円で売った。
ⅱ	顕名	Aは、ⅰの際、Yのためにすることを示した。
ⅲ	代理権の授与	Yは、Aに対し、令和元年６月20日、ⅰの代理権を授与した。

４　許されたa＋b

⑴　次に裁判官は、抗弁の摘示をします。授与された代理権が、当該売買までに消滅していれば、他人効は生じませんから、これが他人効の発生障害事由として障害の抗弁となります。抗弁事実は原告の主張から抽出して摘示することもできますから、裁判官は、「当事者の主張」欄の「抗弁」欄に、代理権消滅の抗弁を摘示します。

代理権消滅の抗弁の抽象的要件	要件事実
代理権の消滅	Yは、Aに対し、令和元年７月20日、上記代理権を消滅させる旨の意思表示をした。

⑵　有権代理の請求原因が抗弁によって覆滅されてしまうのであれば、そのときは、民法112条１項の表見代理に基づく請求原因が意味を持つことになります。「許されたa＋b」に当たりますから、要件事実として摘示することが許されます。

そこで、「当事者の主張」欄の「請求原因」欄には、主位的請求原因である「有権代理」に続けて、予備的請求原因である「代理権消滅後の表見代理」が摘示されます。

この予備的請求原因は、上記2のⅰ～ⅴから成ります。このうち、ⅰ～ⅲは主位的請求原因と同じであり、ⅳは代理権消滅の抗弁と同じです。そのため、予備的請求原因は、「主位的請求原因及び代理権消滅の抗弁を前提に」と記載した上で、ⅴのみを要件事実として摘示します。

予備的請求原因の抽象的要件（主位的請求原因及び代理権消滅の抗弁を前提に）	要件事実
善意	Xは、ⅰの際、Aの代理権が消滅していないと信じていた。

⑶　被告は上記2のⅰ～ⅲを認めていますが、原告は上記2のⅳを認めていますから、主位的請求原因は代理権消滅の抗弁によって覆滅されます。そこで、この訴訟は、予備的請求原因が認められるか否かで勝敗が決せられることになります。

Ⅲ　通謀虚偽表示無効と第三者

参考文献：司研・類型別79頁、大島・要件事実上326頁、要件事実30講86頁

1　概　要

⑴　要件事実論に特有な理論である「a＋bの理論」の具体例を見ています。二つ目は、通謀虚偽表示無効と第三者です。

⑵　あなたは、甲土地を所有していますが、他人に差し押さえられそうになっています。そこで、Aさんに協力してもらい、令和2年1月20日付けで、甲土地をAさんに100万円で売却したことにしました。仮装売買です。

ところが、あなたがAさんに甲土地を引き渡したとたん、Aさんは、あなたを裏切りました。事情を知らないYさんに、甲土地を売って、引き渡してしまったのです。

そこで、あなたが、Yさんを被告として、所有権に基づいて甲土地の明渡しを求める訴訟を提起したものとします。

訴訟物	所有権に基づく返還請求権としての土地明渡請求権

【記載例】　請求の趣旨

> 被告は、原告に対し、甲土地を明け渡せ。

⑶　請求原因は、①原告の現在の所有と②被告の現在の占有から成りますが、このうち①については、被告が、令和２年１月20日における原告の甲土地所有は認めているものとします。

> 〈要件事実〉
> ○　原告は、令和２年１月20日、甲土地を所有していた（権利自白成立）。
> ○　被告は、甲土地を占有している。

2　売買による所有権喪失の抗弁

被告からすれば、原告は、令和２年１月20日に甲土地をAさんに売ったのですから、そのときに甲土地の所有権を失ったはずです。そこで、このことが、所有権喪失の抗弁となります。

> 〈要件事実〉
> ○　原告は、Aに対し、令和２年１月20日、甲土地を100万円で売った。

3　通謀虚偽表示無効の再抗弁

原告からすれば、原告・A間の売買契約は、いわゆる通謀虚偽表示ですから、無効です（民法94条１項）。これにより、抗弁による法律効果の発生は障害されますから、このことが障害の再抗弁となります。

> 〈要件事実〉
> ○　原告とAは、上記売買契約の際、いずれも甲土地を売買するつもりがないにもかかわらず、その意思があるように仮装することを合意した。

4 善意の第三者の出現による所有権喪失の抗弁

(1) 被告は、上記の売買が通謀虚偽表示であることを知りませんでした。虚偽表示の無効は、善意の第三者に対抗することができないとされています(民法94条2項)。

もっとも、善意の第三者が出現しても、そのことにより、仮装にすぎない契約が有効なものになるというわけではありません。

では、善意の第三者に「対抗することができない」とはどういう意味なのでしょうか。

(2) 通謀虚偽表示を善意の第三者に対抗することができないということは、結論としては、被告が甲土地の所有権を取得できるということです。しかし、所有権移転の途中である原告・A間売買が有効になるわけではありません。そうだとすると、被告に所有権を取得させるためには、原告から被告に所有権が直接移転したと構成するしかありません。そしてその根拠は民法94条2項であると考えるのです。

これが法定取得説(=法(民法94条2項)により被告が直接に所有権を取得)という見解であり、判例(最判昭和42年10月31日民集21巻8号2232頁)もこの見解を前提としています。

この見解によると、原告から被告への直接の所有権移転により、原告は所有権を喪失することになりますから、これが所有権喪失の抗弁となります。

▶この所有権喪失の抗弁は、上記2の抗弁(原告がAに甲土地を売却したことによる所有権喪失)とは別個のものです。

(3)「原告から被告への直接の所有権移転による所有権喪失の抗弁」は、民法94条2項に基づく所有権の移転ですから、通謀虚偽表示がされ、それについて善意の第三者が出現したことが要件となります。

i 原告・A間の売買契約の成立

ii iが虚偽表示であったこと

iii A・被告間の売買契約の成立

iv iiiの際、被告がiiを知らなかったことところが、これらの要件のうち、ｉだけで上記２の「Ａへの売却による所有権喪失の抗弁」が成立します。そこで、a＋bの理論により、「当事者の主張」欄の「抗弁」欄に、ii～ivの事実を摘示することはできないことになります。

⑷　もっとも、上記２の「Ａへの売却による所有権喪失の抗弁」が、上記３の虚偽表示無効の再抗弁によって覆滅されてしまうのであれば、そのときは、上記ii～ivが意味を持つことになります。「許されたa＋b」に当たりますから、要件事実として摘示することが許されます。

そこで、「当事者の主張」欄の「抗弁」欄には、主位的抗弁である「Ａへの売却による所有権喪失の抗弁」に続けて、予備的抗弁である「原告から被告への直接の所有権移転による所有権喪失の抗弁」が摘示されます。

この予備的抗弁は、上記⑶のｉ～ivから成ります。このうち、ｉは主位的抗弁と同じであり、iiは虚偽表示無効の再抗弁と同じです。そのため、予備的抗弁は、「主位的抗弁及び虚偽表示無効の再抗弁を前提に」と記載した上で、ivのみを要件事実として摘示します。

予備的請求原因の抽象的要件（主位的抗弁及び虚偽表示無効の再抗弁を前提に）	要件事実
善意	被告は、Ａから甲土地を買った際、原告・Ａ間の売買契約が虚偽表示であるとは知らなかった。

Ⅳ　解除と第三者

参考文献：司研・類型別119頁、大島・要件事実上258頁、要件事実30講483頁

1　概　要

⑴　要件事実論に特有な理論である「a＋bの理論」の具体例を見ています。最後は、解除後の第三者です。

⑵　解除と第三者については、解除前の第三者と解除後の第三者とで法律構成が異なるというのが通常の理解です。

このうち、a＋bの理論が問題になるのは解除後の第三者の場合です。

2　解除前の第三者

ア　事　例

あなたは、令和元年６月20日、その所有する甲土地をＡさんに売って引き渡したところ、Ａさんは、同月25日、それを、Ｙさんに売って引き渡しました。

しかし、Ａさんが売買代金の支払をしないので、あなたは、同年９月20日、Ａさんに対し、売買契約を解除するとの意思表示をしました。

あなたが、Ｙさんに対し、所有権に基づいて、甲土地の明渡しを求める訴訟を提起したものとします。

訴訟物	所有権に基づく返還請求権としての土地明渡請求権

【記載例】　請求の趣旨

> 被告は、原告に対し、甲土地を明け渡せ。

イ　請求原因

請求原因は、原告の所有と被告の占有から成ります。

被告は、原告の現在における甲土地の所有は認めませんが、原告が令和元年６月20日に甲土地を所有していたことは認めているものとします。

> 〈要件事実〉
> ○　原告は、令和元年６月20日、甲土地を所有していた。
> ○　被告は、甲土地を占有している。

ウ　所有権喪失の抗弁

被告からすれば、原告は令和元年６月20日に甲土地をＡさんに売ったのですから、その際に、原告は、甲土地の所有権を失ったはずです。そこで、このことが、所有権喪失の抗弁となります。

〈要件事実〉

○　原告は、Aに対し、令和元年6月20日、甲土地を100万円で売った。

エ　解除の再抗弁

原告は、Aさんとの契約を解除しました。これにより、抗弁による法律効果（所有権に基づく明渡請求権の発生障害）の発生は障害されますから、障害の再抗弁となります。

〈要件事実〉

○　原告は、Aに対し、令和元年9月20日、上記売買契約を解除するとの意思表示をした。

オ　解除前の第三者であること

解除前の第三者に対しては契約の解除を対抗できません。解除前の第三者との関係では、原告・A間の売買契約は解除されていないことになります。

そこで、「被告が解除前の第三者であること」が、再抗弁による法律効果を覆滅させて抗弁を復活させるものとして、再々抗弁に位置付けられます。

なお、この場合の第三者は、保護されるためには登記が必要であると解されているため、被告の登記の具備も要件事実になります。

〈要件事実〉

○　Aは、被告に対し、令和元年6月25日、甲土地を○○万円で売り、その所有権移転登記をした。

3　解除後の第三者

ア　事　例

あなたは、令和元年6月20日、その所有する甲土地をAに売って引き渡しましたがAが売買代金の支払をしないので、あなたは、同年9月20日、売買契約を解除しました。

ところが、Aは、同月25日、甲土地を、被告に売って引き渡してしまったのです。

そこで、あなたが、被告に対し、所有権に基づいて、甲土地の明渡しを求める訴訟を提起したものとします。

訴訟物	所有権に基づく返還請求権としての土地明渡請求権

【記載例】 請求の趣旨

> 被告は、原告に対し、甲土地を明け渡せ。

イ 請求原因

請求原因は、原告の所有と被告の占有から成ります。

被告は、原告の現在における甲土地の所有は認めませんが、原告が令和元年6月20日に甲土地を所有していたことは認めているものとします。

> 〈要件事実〉
> ○ 原告は、令和元年6月20日、甲土地を所有していた。
> ○ 被告は、甲土地を占有している。

ウ 売買による所有権喪失の抗弁

被告からすれば、原告は令和元年6月20日に甲土地をAに売ったのですから、その際に、原告は、甲土地の所有権を失ったはずです。そこで、このことが、所有権喪失の抗弁となります。

> 〈要件事実〉
> ○ 原告は、Aに対し、令和元年6月20日、甲土地を○○万円で売った。

エ 解除の再抗弁

原告は、Aさんとの契約を解除しました。これにより、抗弁による法律効果（所有権に基づく明渡請求権の発生障害）の発生は障害されますから、障害の再抗弁となり、その要件事実は次のようになります。

〈要件事実〉
○　原告は、Aに対し、令和元年9月20日、本件売買契約を解除するとの意思表示をした。

オ　解除後の第三者

(1)　解除後の第三者と、解除による回復者は、対抗関係に立ち、対抗要件を先に具備した方が優先するというのが判例（最判昭和35年11月29日民集14巻13号2869頁）です。

(2)　そこで、まず、被告が解除後の第三者であることを明らかにしましょう。

〈要件事実〉
○　Aは、被告に対し、令和元年9月25日、甲土地を○○万円で売った。

これにより、被告と原告は、Aを起点とする対抗関係に立ったことになります。A→被告への所有権移転と、A→原告への所有権復帰です。これらは両立します。不動産を二重に譲渡することができるのと同じです。

原告への所有権復帰　←　A　→　被告への所有権移転

(3)　被告が対抗要件を具備すると、原告は、その所有権を被告に主張できなくなります。

もっとも、被告が対抗要件を具備したことで上記エの解除が無効になるというわけではありません。

そのため、「被告の対抗要件具備」は、上記エの解除の再抗弁に対する再々抗弁にはなりません。解除は有効なままであり、「被告の対抗要件具備」は、上記エの再抗弁による法律効果を覆滅するものではないからです。

原告は、上記エの解除が有効であるにもかかわらず、別の理由で、被告に対しては所有権を主張できなくなるのです。そのため、この所有権喪失は、別の新しい抗弁となります。原告が、解除後の第三者である被告の対抗要件具備により、被告に主張できる所有権を喪失したという抗弁です。

(4)　この「解除後の第三者の対抗要件具備による所有権喪失の抗弁」は、

以下の要件の充足が必要です（ⅰ～ⅲは被告が「解除後の第三者」であることです）。

ⅰ　原告・A間の売買契約の成立

ⅱ　ⅰが解除されたこと

ⅲ　ⅱの後にA・被告間の売買契約の成立

ⅳ　被告が甲土地の所有権移転登記をしたこと

ところが、これらの要件のうち、ⅰだけで上記ウの「Aへの売却による所有権喪失の抗弁」が成立します。そこで、a＋bの理論により、ⅱ～ⅳは「当事者の主張」欄の「抗弁」欄に摘示することはできません。

(5)　もっとも、上記ウの「Aへの売却による所有権喪失の抗弁」が、上記エの解除の再抗弁によって覆滅されてしまうのであれば、そのときは、「解除後の第三者の対抗要件具備による所有権喪失の抗弁」が意味を持つことになります。「許されたa＋b」に当たりますから、要件事実として摘示することが許されます。

そこで、「当事者の主張」欄の「抗弁」欄には、主位的抗弁である「Aへの売却による所有権喪失の抗弁」に続けて、予備的抗弁である「解除後の第三者の対抗要件具備による所有権喪失の抗弁」が摘示されます。

この予備的抗弁は、上記(4)のⅰ～ⅳから成ります。このうち、ⅰは主位的抗弁と同じであり、ⅱは解除の再抗弁と同じです。そのため、予備的抗弁は、「主位的抗弁及び解除の再抗弁を前提に」と記載した上で、ⅲ、ⅳのみを要件事実として摘示します。

予備的抗弁の抽象的要件 （主位的抗弁及び 解除の再抗弁を前提に）	要件事実
解除後の第二者の出現	Aは、被告に対し、令和元年9月25日、甲土地を○○万円で売った。
解除後の第三者が対抗要件を具備	Aは、被告に対し、令和元年10月1日、上記売買契約に基づき、甲土地の所有権移転登記手続をした。

第3節 場としての「当事者の主張」欄

Ⅰ 「場」としての「当事者の主張」欄

1 概 要

訴訟において事実認定が争われるのは、主要事実だけではありません。

訴訟要件を基礎付ける事実の存否や、「法律上の推定」における「前提事実」の存否といったものが争われることもあります。

そのようなものは、判決書において、「当事者の主張」欄とは別に、「訴訟要件」欄、「前提事実」欄などを設けて摘示することも考えられますが、裁判実務では、そうはせず、主要事実以外の事実であっても、原告が最初に立証すべきものであれば「当事者の主張」欄の「請求原因」欄に含めて摘示し、また、請求原因を受けて被告が立証（又は主張）すべきものは「当事者の主張」欄の「抗弁」欄に含めて摘示するようになりました。「再抗弁」欄以降でも同様です。

そのため、「当事者の主張」欄には、主要事実以外の事実も含まれます。

▶「当事者の主張」欄は、各当事者の立証する事実が一覧できる「場」としての機能を有していたのです。

2 訴訟要件の摘示

ア 債権者代位訴訟

例えば、債権者代位訴訟です。この訴訟における訴訟物は被代位権利であり、その発生要件に該当する事実が講学上の「請求原因事実」になります。

ところが、「当事者の主張」欄の「請求原因」欄には、このほかに、訴訟要件である、「被保全権利の発生要件に該当する事実」や、「保全の必要性を基礎付ける事実（＝債務者が無資力であること）」も摘示します。

これらは、講学上の「請求原因事実」ではありませんが、原告が最初に立証すべき事実であるため、便宜上、「当事者の主張」欄の「請求原因」欄に摘示するものです。

イ　債務不存在確認の訴え

極端な例は、債務不存在確認の訴えです。この訴訟では、原告が最初にするのは、確認の利益という訴訟要件を基礎付ける事実（＝被告が債務の存在を争っていること）の立証だけです。

そこで、「当事者の主張」欄の「請求原因」欄には、訴訟要件を基礎付ける事実のみが摘示されます。

これに対し、当該債務の発生要件に該当する事実は、被告が主張立証しますから、「当事者の主張」欄の「抗弁」欄に摘示されます。

3　立証を要しない主要事実の不摘示

⑴「当事者の主張」欄の実務的な役割のうち一番大きなものは、各当事者の要証事実を明らかにすることです。

そこで、法律要件に該当する事実（＝主要事実）であっても、その立証が不要とされているものは、「当事者の主張」欄には摘示しません。

▶主要事実が必ず要件事実になるとは限らないということです。

例えば、金銭債務の履行遅滞に基づく損害賠償請求訴訟を見てみましょう。その訴訟物である「履行遅滞に基づく損害賠償請求権」の発生要件の中に「損害の発生」というものがあります。

上記損害賠償請求権の発生要件	金銭債務の発生原因 上記債務の弁済期の合意 上記弁済期の経過 損害の発生及び額

この「損害の発生」に該当する事実は、請求権の発生要件に該当する事実ですから、講学上の「請求原因事実」に当たります。

ところが、この「損害の発生」は、法律（民法419条２項）によって、その証明を要しないとされています。

そのため、仮に、原告が、この事実を主張していたとしても、「当事者の主張」

欄の「請求原因」欄には、これを摘示しません。

「当事者の主張」欄の「請求原因」欄に記載するのは、在来様式の判決書の後半部分である「理由」欄において証拠による事実認定が必要な事実に限られるからです。

(2) なお、反対当事者が自白したことによって立証が不要となった事実は、その自白によってたまたま立証が不要になったにすぎませんから、「当事者の主張」欄に摘示します。顕著な事実のうちの「職務上顕著な事実」についても同様です。

他方、顕著な事実のうちの「公知の事実」については、司法研修所民事裁判教官室では、「当事者の主張」欄に摘示すべきであるとの指導をしていましたが、常に事実認定が不要なものですから、実務では、これを摘示しない例もあります（例えば司研・事実記載例集５頁）。

4 債務者対抗要件の欠缺の主張

債権譲受人が、債務者を被告として提起した訴訟において、被告が、債務者対抗要件の欠缺を「主張」すれば、原告は、債務者対抗要件の具備を主張立証しなければならなくなります（判例）。

この場合の被告の「主張」は、請求権の存在を認めた上でその履行を拒絶するというものではないため、阻止の抗弁＝権利抗弁には当たりません。この「主張」は、債務者対抗要件の具備の主張立証を必要的とする訴訟上の効果をもたらすものであり、判例によってこの効果が付与された特別な「主張」というべきです。

この「主張」は、請求原因に対して、被告が主張するものであるため、実務では、これを「当事者の主張」欄の「抗弁」欄に「摘示」しています。そして、原告が債務者対抗要件を具備したことは、この「抗弁」を受けて、原告が立証すべきことであるため、「当事者の主張」欄の「再抗弁」欄に摘示しています。

Ⅱ 法律上の推定

参考文献：大島・要件事実上300頁、要件事実30講381頁

1 概 要

⑴ 法律要件Aの立証責任を負っている者は、これに該当する具体的事実を立証する必要があります。ところが、法律上の推定規定がある場合は、これとは別の選択肢があります。

ある事実Bを立証すれば、それにより、法律要件Aに該当する事実の存在が法律上推定されるという規定がある場合です。この場合、法律要件Aに該当する具体的事実の存在を立証することもできますが、それに代えて、事実B（＝前提事実）を立証することによって、法律要件Aに該当する具体的事実（＝推定事実）の存在を推定させることもできます。

⑵ 法律上の推定は、事実の存在を推定するだけですから、反対当事者は、その事実が実は存在しないことを立証することで推定を覆すことができます。上記の例であれば、法律要件Aに該当する具体的事実が存在しないことを立証します。

2 占有の継続の推定

⑴ 2時点の占有を立証すると、法律上の推定規定（民法186条2項）により、その間の占有の継続が推定されます。

したがって、例えば、短期取得時効（民法162条2項）の要件のうち「10年間の占有の継続」に該当する事実として、甲土地を令和元年6月20日から令和11年6月20日まで占有していたことを立証するには、全期間における占有の継続を立証する必要はなく、その両端である、令和元年6月20日における甲土地の占有と、令和11年6月20日における甲土地の占有を立証すれば、民法186条2項により、その間の占有の継続が法律上推定されます。

⑵ これに対し、反対当事者は、推定された事実の不存在を立証することができます。例えば、令和5年6月20日に甲土地が他人に引き渡されたことで、占有の継続が遮断された（が、その後、その他人から甲土地が返還され、

再度占有が開始した）ことを立証するなどです。占有は10年間「継続」していなければなりませんから、途中でいったんそれが失われたのであれば、取得時効は認められないことになります。

(3)　「当事者の主張」欄の「請求原因」欄において、「10年間の占有の継続」の要件については、これに該当する具体的事実（例えば「甲土地を令和元年6月20日から令和11年6月20日まで占有していた」）を「要件事実」として摘示するのが原則です。

しかし、「甲土地を令和元年6月20日に占有していたこと」と「甲土地を令和11年6月20日に占有していたこと」の主張だけがされていた場合は、これらの事実だけを「当事者の主張」欄の「請求原因」欄に摘示することができます。「当事者の主張」欄は、当事者が立証する事実を摘示する場であるため、法律上の推定を用いることができる場合は、「推定事実」ではなく、「前提事実」を摘示することもできるのです。

(4)　これに対し、被告が、推定事実の不存在として、「令和5年6月20日に甲土地をAに引き渡したこと」を主張していれば、その旨を、「当事者の主張」欄の「抗弁」欄に要件事実として摘示します。

この事実は、推定を覆滅させる事実であって、講学上の抗弁事実ではありませんが、請求原因に対して、被告が立証する事実であるため、「当事者の主張」欄の「抗弁」欄という場に摘示するのです。

3　黙示の更新

(1)　賃貸借に関する規定である民法619条1項（黙示の更新）も法律上の推定規定です。

賃貸人が、賃貸期間が満了したと主張して、賃借人に対し、賃借物の明渡しを求める訴訟を提起した場合、その賃貸借を更新する合意がされていたことが抗弁となります。賃貸借が更新されていれば、その更新期間が到来するまでは賃借物を返還する必要がないからであり、賃貸借契約終了に基づく明渡請求権の発生を障害するものとして障害の抗弁となります。

この抗弁の法律要件は「当事者間で更新合意がされたこと」であり、これに該当する具体的な事実として、「原被告は、令和元年6月20日、当該賃貸借を更新するとの合意をした」といった事実を「要件事実」とすることもできますが、これに代えて、民法619条1項による法律上の推定によることもできます。

同項は、「①賃貸借の期間が満了した後賃借人が賃借物の使用又は収益を継続する場合において、②賃貸人がこれを知りながら異議を述べないときは、従前の賃貸借と同一の条件で更に賃貸借をしたものと推定する。」と規定しています（「①」、「②」は筆者挿入）。

①賃貸期間が満了した後も被告が当該賃借物を使用し続けたこと、②原告がそれを知りながら被告に異議を述べなかったことにより、従前と同一の条件での賃貸借の更新合意が法律上推定されるのです。

そこで、「当事者の主張」欄の「抗弁」欄には、上記①、②に該当する事実を「要件事実」として摘示することができます。

⑵　これに対し、原告は、更新合意の不存在を立証することができます。例えば、「当該賃貸借契約を最初に締結したときに、賃貸借を更新しないことが明示的に合意されていたこと」です。その場合、上記①、②の事実が立証されても、更新の合意がされたとは認められず、推定は覆滅されます。

この「更新合意の不存在」は、推定を覆す事実にすぎず、講学上の再抗弁事実ではありませんが、抗弁に対して原告が立証する事実であることから、「当事者の主張」欄の「再抗弁」欄という場に摘示します。

4　法律上の権利推定

以上は、「事実」が法律上推定される場合についてでしたが、そうではなく、「権利」が法律上推定される場合もあります。

例えば、株券を所持している者は、当該株式の権利者であると法律上推定されます（会社法130条）。

Ⅲ　規範的要件の評価根拠・障害事実

参考文献：大島・要件事実上320頁、要件事実30講89頁

1　概　要

「過失」、「正当な理由」といった規範的要件については、第４章第３節Ｉにおいて既に取り上げたところです。

そのうち、多様型の規範的要件は、通常の事実要件と判断構造が同じですが、複合型の規範的要件は、事実要件とは判断手法が全く異なるため、要件事実論に特有の問題が生じます。

2　複合型の規範的要件の概要

⑴　例えば、マンションの大家さんが、賃貸借を終了させて、賃借人に当該マンションの明渡しを求めるためには、「正当の事由」がなければなりません（借地借家法28条）。

そこで、賃貸建物の明渡請求訴訟では、原告となった大家さんが、請求原因において、「正当の事由」があると評価されるための事情（評価根拠事実）をいくつも主張立証します。例えば、当該建物は、今後、原告が使用する必要があることなどです。

これに対し、被告は、「正当の事由」があると評価されるのを障害する事情（評価障害事実）をいくつも主張立証します。例えば、被告は、当該建物が、その生活基盤として必要不可欠のものになっており、居住の継続の利益が大変に大きいことなどです。

⑵　双方から様々な事情が主張立証され、裁判所は、それらを総合して、「正当の事由」がある又はないと判断します。

規範的要件　評価根拠事実を一方当事者が主張立証
　　　　　　　評価障害事実を他方当事者が主張立証　→　裁判所が総合判断

⑶　「主張立証責任」は事実要件を念頭に置いて考えられてきたものです。複合型の規範的要件は、事実要件とは判断構造が全く異なるものであり、通

常の意味での主張立証責任というものを観念することができないという見解が多数になりつつあります。

3 「当事者の主張」欄への摘示

⑴ 上記の例では、原告は、「正当の事由」があると評価してもらうために、様々な「評価根拠事実」を主張立証します。

これは、原告が、請求原因において立証する事実ですから、判決書の「当事者の主張」欄の「請求原因」欄に摘示されます。

⑵ 他方、被告は、「正当の事由」があると評価されることを妨げるために、様々な「評価障害事実」を主張立証します。

これは、請求原因に対して、被告が立証する事実ですから、判決書の「当事者の主張」欄の「抗弁」欄に摘示されます。

評価障害事実は、講学上の「抗弁」（請求権の発生障害・消滅・阻止事由）ではありませんし、また、被告が、評価障害事実の「主張立証責任」を負うものでもありません。

しかし、請求原因に対して、被告が立証する事実であることから、「当事者の主張」欄の「抗弁」欄という「場」に摘示されます。

4 司法研修所民事裁判教官室の一つ目の誤り

⑴ 司法研修所民事裁判教官室は、昭和60年に発表した「民事訴訟における要件事実第１巻（増補版）」の中で、規範的要件の要件事実を明らかにしました。

しかし、その頃は、まだ、複合型の規範的要件について、通常の意味での主張立証責任は観念できないという見解が一般的ではなかったため、事実要件の枠組みの中で考えざるを得ませんでした。

そこで、司法研修所民事裁判教官室は、複合型の規範的要件にも通常の意味での主張立証責任が観念できることを前提とした上で、上記の「正当の事由」でいえば、その評価根拠事実は請求原因事実として、原告が主張立証責任を負い、その評価障害事実は、抗弁事実として、被告が主張立証責任を負うとしたのです。いずれも主要事実であるということです。

⑵　単一の法律要件を二つに分解して、各当事者がそれぞれに主張立証責任を負わせるという考え方は、もはや民事訴訟法学者の理解や常識を超えたものであり、その独自すぎる見解は、厳しく批判されることになりました。

▶例えば、新堂幸司教授からは、「ついていけませんね」と呆れられています（実務民事訴訟法講座第３期５巻５頁（2012年、日本評論社））。

⑶　現在では、複合型の規範的要件について、通常の意味での主張立証責任は観念できないという見解が多数となっています。そこで、上記３で述べたように、特殊な法律要件であることを前提とした上で、各当事者が立証しようとする事実を「当事者の主張」欄の各攻撃防御方法欄という「場」に摘示しているものと考えるべきです。

5　司法研修所民事裁判教官室の二つ目の誤り

司法研修所は、評価根拠事実も評価障害事実も主要事実と位置付けたため、弁論主義の第１テーゼが及ぶことになってしまいました。

複合型の規範的要件は、当事者は主張していないが証拠上現れている事実をも加えて、総合判断がされてきましたが、この司法研修所民事裁判教官室の見解によると、当事者が主張している事実だけを元に総合判断をせざるを得ず、実務の扱いとも異なる結果になってしまいました。

現在の裁判実務でも、当事者が主張した事実に限らず、記録に現れた様々な事実を総合判断の対象としていますから、司法研修所民事裁判教官室の上記見解は、実務でも支持されていないということができます。

6　誤りの拡散

東京地方裁判所労働部で発表した労働事件に関する書籍（「労働事件審理ノート」(2007年、判例タイムズ社)において、いまだ判事補にすぎない裁判官が、解雇に係る規範的要件について、司法研修所民事裁判教官室の上記見解をそのまま当てはめた論文を書いてしまったことで、この見解が、労働訴訟の分野で広く拡散することになってしまいました。

東京地方裁判所労働部のいわば「公式見解」であるため、その影響力は絶大であり、労働法学者は、こぞってこれに従いました。

しまいには、労働事件に係る最高裁判決（最判平成30年6月1日民集72巻2号88頁）においても、この見解が採用されるに至っています。

最高裁判事ですら、上記の誤りをそのまま受け入れてしまったものであり、要件事実論を正確に理解できている裁判官は既に絶滅危惧種なのかもしれません。

労働法学者や、労働法に従事している法曹実務家は、一日も早く軌道修正をしてほしいものです。

第４節　要件事実論の現状

Ⅰ　要件事実論の混乱

１　概　要

要件事実論は、現在、大変な混乱期に入っており、そのことによる弊害も顕著に現れ始めています。

うまくいっていたはずのシステムに何が起こったのでしょうか。最近の要件事実論の状況を見てみましょう。

２　判決様式の変更

⑴　在来様式の判決書は、その作成ルールに従っていれば、どんな裁判官でも「主張の整理」の正解にたどり着くことができるものであり、これが、日本の民事裁判の判決書を一定水準に保つための制度的保障となっていました。

▶当事者らは、判決書の「当事者の主張」欄を確認することで、裁判官が正確に主張整理をしたか否かを事後的に検証することもできました。

ところが、現在では、在来様式の判決書が作成されることはほとんどありません。それに代わる新しい判決様式が作られたからです。

⑵　どんな事件でも、当事者が争っている点があります。新しい判決様式では、判決の前半部分で、その事件の争点が何であるかを明らかにし、争点についての双方当事者の主張を記載することにしました。また、判決書の後半部分には、裁判所が、その争点について、証拠等に基づいてどのように判断したのかを記載するようにしました。

従前行われていた「主張の整理」、すなわち「当事者の主張」欄は、判決書には記載しなくてよいことになったのです。

判決書の様式の変更が行われた経緯については、拙著『裁判官は劣化しているのか』（羽鳥書店、2019年）及び拙著『最高裁に告ぐ』（岩波書店、2019年）において説明しています。

3 要件事実教育の終焉

民事裁判官にとって最も大変な作業であった「当事者の主張」欄の作成が不要となったことで、司法研修所の「民事裁判」科目においても、同欄の作成能力を養う必要はなくなりました。

しかし、司法研修所における要件事実教育の終焉は別の理由で起こりました。ロースクール制度の発足です。これにより、主張整理に関する教育はロースクールが担うことになったのです。

> ▶その際、ロースクールの教授らによって、司法研修所民事裁判教官室の見解には実体法の理解の誤りがあることがいくつも「発見」されました（例えば民法118条について山本敬三・民法講義Ⅰ（第3版）379頁（有斐閣、2011年））。

司法修習期間は1年に短縮され、司法研修所の「民事裁判」科目においては、これまでの要件事実に代わって、「事実認定」を教えるようになりました。要するに、在来様式判決書の後半部分の作成の演習です。事実認定は、教える内容が多くなく、短縮された修習期間にはちょうどよい分量であったのです。

4 法曹の主張整理能力の低下

法曹自慢の教育システムを放棄したのですから、法曹の主張整理能力が低下したのは当然のことでした。これでは法曹の存在意義まで問われかねません。

しかも、それにより不利益を受けるのは、均一な司法サービスを受けることができなくなった国民です。

裁判官はキャリアシステムですから、早ければ20代のうちに、一人で裁判を担当するようになり、判決書も一人で作成することになります。しかし、どんなにキャリアが浅い裁判官でも一定水準の判決書を作成することができるシステムは、もうありません。

村田渉教授（元司法研修所民事裁判教官）は、最近の法曹の主張整理能力の低下について、「要件事実は黄昏かなどと言われて久しい」と嘆かれていま

す（金融法務事情2160号１頁（2021年））。

Ⅱ 「要件事実」教育

1 「要件事実」教育の始まり

⑴ 在来様式の判決書の「当事者の主張」欄の起案は、超難関時代の司法試験合格者ですら、最初は全く歯が立たなかったものです。司法試験にも合格していないロースクール生にこの起案をさせるというのは現実的ではありません。そのため、ロースクールにおいて、従来の要件事実教育をしているところは皆無です。要件事実教育自体は、ロースクールには引き継がれなかったのです。

その代わりに、ロースクールでは、本書の第１章から第３章までのような初学者向けの内容の教育をするようになりました。それが司法試験科目である民法や民事訴訟法の理解にも役に立ったからです。

⑵ そうであれば、もはや、要件事実（＝当事者の主張の中から抽出して判決書の「当事者の主張」欄に摘示する事実）という言葉は使うべきではありません。本書も、第４章までは一度も要件事実という言葉を使いませんでした。

しかし、ロースクールは、「要件事実」という言葉だけは継承しました。もちろん、これまで裁判実務で使われていたのとは別の意味で使っています。しかも、「要件事実」の意味が統一されていないという、まるでバベルの塔のような状況に陥っています。

例えば、要件事実30講６頁は、「要件事実とは、実体法の条文の法律要件（構成要件）に記載している類型的な事実をいうと解する」としています。抽象的な要件のことを要件事実と呼んでいるのです。

他方、大島・要件事実上75頁は「要件事実とは、実体法に規定された法律効果の発生要件事実である」としています。抽象的要件に該当する具体的な事実（＝主要事実）のことを要件事実と呼んでいるのです。

坂本慶一元司法研修所民事裁判教官は、「現在の要件事実論の混乱は、要件事実と主要事実が同義かどうかという最も初歩的かつ入口的問題から意見の一致をみていないというところに一つの原因があるように思えます。」と指摘されています（坂本・新要件事実43頁）。

⑶ そのような中で、司法研修所民事裁判教官室は、平成23年に、「司研・新問研」を発表しました。この書籍は、ロースクールの教育の便宜のために作成されたものです。

この書籍の中で、要件事実は、「一定の効果（権利の発生、障害、消滅、阻止）を発生させる法律要件に該当する具体的事実」と定義されています。

この記述からすると、この書籍は、講学上の「主要事実」のことを「要件事実」と呼んでいるようにも思われます。ところが、この書籍は、各論に入るや、従来の実務における要件事実、すなわち、在来様式判決書の「当事者の主張」欄の作成方法についての説明が始まるのです。

▶そのため、主張の「摘示」という言葉が何度も現れます。

この書籍は、伊藤滋夫教授（元司法研修所民事裁判教官）から、次のような根本的な批判もされています（法律時報84巻1号89頁）。

「主張立証責任の分配基準という要件事実論の根本的問題について、現在の司法研修所民事裁判教官各位が、どのような視点から議論をされた上、記載されるに至ったのか、それを推察する端緒すら見いだせない。」

2 判決起案の手引を使った、訴状・答弁書の作成演習

⑴ ロースクールでは、「要件事実」という言葉を用いながら、本書の第1章から第3章のような内容を教えた上で、「訴状」や「答弁書」を作成させる演習などをし、そのための参考書として、「司研・新問研」や、「司研・類型別」を使っています。

しかし、「司研・新問研」や、「司研・類型別」は、判決書の作成の指南書なのであって、訴状や答弁書の作成のためのものではありません。

例えば、口頭弁論期日で相殺の意思表示をする場合、これから相殺をするのですから、答弁書に「被告は、原告に対し、○○債権をもって、本訴請求債権と、対当額で相殺をする。」などと現在形で記載し、それを期日で陳述します。他方、判決書では、期日において相殺の意思表示がなされたことを、

弁論が終結した後に摘示するのですから、過去形で記載します。そのため、「司研・新問研」や「司研・類型別」では、これを過去形で記載していますが、これらを参考書として、答弁書の作成の演習をしてしまうと、答弁書における相殺の意思表示を過去形で記載するというミスも生じてしまうのです。

▶現に、このミスが生じたと思われる例が、司法書士の簡裁代理の認定考査の問題でありました。

(2)　司法試験予備試験でも同様の問題が生じています。司法試験予備試験の論文試験の「法律実務基礎科目（民事）」の問題は、本書でもいくつか取り上げたとおり、訴状や答弁書を作成させるタイプの出題が一般的です。

それにもかかわらず、判決書の作成マニュアルである「司研・新問研」や、「司研・類型別」の記述に依拠したかのような問題が出題されています。

例えば、司研・新問研には、所有権の主張の摘示についての判決書の作成テクニックについて記載した箇所があります（現所有に争いがないのに、過去の所有を摘示するというテクニック）（司研・新問研109頁）が、それにそのまま依拠したかのような出題が平成25年にされたこともありました。

▶令和２年の問題でも、問題文中に「当該登記が抵当権設定契約に基づく」との意味不明な記述（本書第３章第４節Ⅳ４イ(5)参照）がみられます。

Ⅲ　混乱を解消するには

1　「要件事実」教育から「抽象的要件＝主要事実」教育へ

現在の要件事実の混乱をもたらしている原因の一つは、ロースクールが、要件事実教育をそのまま承継せずに、それとは異なる内容の教育を、「要件事実」教育と銘打って行っているところにあります。

そこで、混乱を解消するために、ロースクールにおいては、もはや「要件事実」という言葉を用いないということが考えられます。司法試験や司法試験予備試験でも「要件事実」という言葉は用いられていません。

ロースクール制度が発足する前は、大学の法学部の民事訴訟法の授業において、所有権の主張方法など、実務のさわりのようなことを教えていましたが、その際に「要件事実」という言葉は用いておらず、請求原因等の攻撃防御方法の抽象的要件に該当する事実は「主要事実」と呼び、それで何の支障もなかったものです。

最近は、民法の教科書などでも、定義を示さないまま、最大公約数的な意味合いで「要件事実」という言葉が用いられるようになっていますが、この言葉を無理に使用する必要は全くありません。

2 実務における要件事実の活用

(1) 他方において、実務では、民事裁判の質を保つために要件事実が極めて有用であることが過去に実証されているといってよいでしょう。

もっとも、現在では、在来様式判決書がほぼ使われていないため、本来の要件事実を用いる場面は失われています。

(2) しかし、要件事実を活用できる場面が、実は、もう一つあります。それが争点整理手続です。

平成8年に改正された現在の民事訴訟法は、訴訟が始まると、まず争点整理をし、それが終わった後に、集中証拠調べ（証人尋問、本人尋問）をするという仕組みを採用しましたが、改正から長期間が経過し、この争点整理手続が形骸化しているという批判が強くされるようになっています。

そこで、双方の主張書面が出揃ったところで、裁判官が、原告被告の双方代理人と共に、在来様式判決書の「当事者の主張」欄を作成し、それが完成してから、集中証拠調べに入るという運用をすることが考えられます。

この運用が定着すれば、従前の実務において要件事実が果たしてきた役割をそのまま受け継ぐことができるのみならず、集中証拠調べをする前に要証事実の把握ができますから、これまで以上に、要件事実の実践的な意義が高まることになります。

そもそも、「当事者の主張」の整理なのですから、裁判官が当事者抜きで行うものではなく、当事者と共に行うべきであったものです。並木茂元司法研修所民事裁判教官は、従来からこのことを強く主張されており、ご自身の著書に「要件事実原論：訴訟当事者中心の要件事実論の構築」という題を付けられていたくらいです（2003年、悠々社）。

3　要件事実教育の復活

実務で要件事実を復活させるといっても、実務家が要件事実教育を受けていなければ、実際にはそれは不可能です。

そこで、要件事実教育を一日も早く復活させるべきであるということになりますが、それがロースクールでは困難なのであれば、司法研修所の「民事裁判」科目において行うしかありません。

司法研修所の「民事裁判」科目における要件事実教育の復活が、法曹の主張整理能力を取り戻すための唯一の方法ということができます。

そして、それは、決して法曹のためだけではありません。法曹は自らの職域さえ確保していれば、その中で利潤の追求ができます。法曹のレベルの維持は、むしろ、良質な民事裁判を受けるという国民の人権を守るために行うべきものなのです。

コラム

証明責任規範説

1　証明責任規範説とは、証拠調べを尽くしても、法律要件に該当する事実（＝主要事実）の存否が明らかにならなかった場合（＝ノンリケット）には、事実の存在不存在のどちらかを擬制するというルール（＝証明責任規範）を予め決めておくというものです。ある法律要件については、それに該当する事実の存否が不明であれば、その事実は存在すると擬制し、また、別の法律要件については、それに該当する事実の存否が不明であれば、事実の不存在を擬制するなどです。

訴訟物たる請求権の消滅要件である「当該請求権に係る債務の弁済」を例にしてみましょう。この要件に該当する事実の存否が不明である場合、その事実の「不存在」が擬制されます（＝証明責任規範）。

裁判所がどんなに証拠調べを尽くしても、弁済に該当する事実の存否が明らかにならなかった場合、裁判所は、最後の手段として、上記の証明責任規範を発動します。これにより、当該債務の弁済はされなかったと擬制されます。

そうすると、弁済はなかったことが確定しますから、小前提が充足されず、法的三段論法（当該請求権の消滅）は成立しません。請求権は消滅しなかったと判断されます。

このように、証明責任規範説では、予め、法律要件ごとに、ノンリケットの場合に、その要件の定める事実の存在を擬制するのか不存在を擬制するのかが定められています。

そのため、実際にノンリケットになると、証明責任規範により、事実は「存在した」又は「存在しなかった」のいずれかに擬制されますが、そのことにより、いずれかの当事者が不利益を受けます。この不利益のことを「立証責任」と呼びます。

例えば、上記の例において、「弁済」に該当する事実の存否が不明である場合、「弁済」の事実は「存在しない」と擬制されますが、これによって不利益を受けるのは被告です。この場合に立証責任を負うのは被告だということです。

証明責任規範説では、事実の存否がどちらとも決まらないということはありませんから、法的三段論法の成否も必ずどちらかに決まることになります。そのため、法的三段論法の大前提に「立証」を組み込むなどというローゼンベルクさんのアクロバティックな理論も不要となります。

また、証明責任規範説では、立証責任が、法的三段論法全体の成否とは切り離されますから、立証の分野に固有の問題として立証責任を考えることができます。「立証責任の転換」、「主張責任と立証責任の関係」など、立証責任には様々な論点がありますが、それらは、立証の分野において検討すべきものなのです。

2　面白いのが、立証責任についての司法研修所民事裁判教官室の見解です。司研・新問研7頁は、立証責任のことを「主要事実が真偽不明に終わったために当該法律効果の発生が認められない不利益」と定義しています。

この記載は、立証責任のことを、法律効果の発生が認められない不利益、即ち、法的三段論法の不成立による不利益としていますから、ローゼンベルク説に立っているようにも思われますが、ローゼンベルク説において法律効果の発生が認められない不利益が生じるのは、主要事実が真偽不明に終わった場合だけではありません。主要事実の不存在が立証された場合もそうです。

他方、この見解は、事実の真偽が不明な場合に立証責任が生じるとしていますから、証明責任規範説に立っているようにも思われますが、証明責任規範説における立証責任とは、「当該法律効果の発生が認められない不利益」ではなく、証明責任規範が発動されることによる不利益です。

要するに、司法研修所民事裁判教官室は、立証責任についての正確な理解ができていないということです。

3　さて、証明責任規範説は、いわゆる「両立しない選択的抗弁のジレンマの問題」も解決します。

これは、例えば、不動産の転借人を追い出したい賃貸人が、転借人を被告として、所有権に基づいて、当該不動産の明渡請求訴訟を提起した場合に生じます。

この場合に、被告は、二つの抗弁を提出することができます。一つは、原賃貸人の承諾のある転借権を有しているという占有権原の抗弁であり、もう一つは、原賃貸人が転貸借を承諾しない場合に認められる建物買取請求（借地借家法14条）に係る抗弁です。

この二つの抗弁がいずれも提出された場合、困ったことが起きます。前者では原賃貸人が転貸借を承諾したことが要件となり、後者では原賃貸人が転貸借を承諾しないことが要件となっているからです。被告は、矛盾する二つの抗弁を提出し、いずれも立証しなければならないのです。現在の要件事実論では、このジレンマは未解決のままになっています。

しかし、証明責任規範説を使えば、この問題を容易に説明することができます。いずれの抗弁においても、「原賃貸人の承諾」に該当する事実の存否が不明であれば、その事実は不存在と擬制されますから、承諾の立証に成功すれば前者の抗弁が認められますし、承諾の立証に失敗して承諾の存否が不明となった場合であっても、承諾の不存在が擬制されることで後者の抗弁が認められます。したがって、被告は、「承諾があったこと」の立証活動だけをしていれば足り、「承諾がなかったこと」の立証活動をする必要はないということです。

4　証明責任規範が存在しない現在において、立証の公平を図る方法は、実体法における法技術です。意思能力のような一般要件について、その不存在を無効事由としたり、あるいは、法律効果の発生要件の一部について、その不存在を障害要件に回すなどです。

このような実体法における立証の公平の考慮は、証明責任規範説では不要となります。実体法で立証の公平を考慮した上で、さらに証明責任規範を発動させるというのでは、屋上屋を重ねるだけだからです。その結果、民法は、みなさんの頭の中にあるものに近づいてきます。裁判規範ではなく行為規範としての民法です。

実体法から障害要件が放逐され、発生要件と消滅要件だけになります。「ただし書」はなくなり、全てが「本文」となります。現在においても、民法が、社会生活の規律として裁判外で用いられている場面では、「本文」と「ただし書」の区別は、何の意味も持っていません。

また、暫定真実という考え方もなくなります。例えば、時効取得を主張する場合は、自己に所有の意思があることも主張しなければならなくなります。不動産の賃借人が原告となって、請求原因において当該不動産の時効取得を主張することはできなくなります。現在は、これができてしまい、とりあえず請求原因は成立してしまいます（被告が裁判に欠席すれば時効取得が認められてしまいます）が、そういう不合理も解消されるというわけです。

エピローグ

1　駒場家では、新ルールになって以来、孝君は、宿題をしている様子を録音するようになったため、ケーキをもらう権利が否定されることはなくなっています。ところが、また別の問題が生じています。

録音を聞かせる相手であるお父さんの帰宅が遅いため、その前に孝君が寝てしまい、ケーキを食べ損なうことが増えているのです。

そこで、駒場家では、さらにルールを変更することにしました。夕食前に宿題をした様子の録音をお父さんに聞かせてケーキを食べる権利の有無を判定してもらうのではなく、それを家にいるお母さんに聞かせてお母さんから直接ケーキをもらうことにしたのです。

このルールであれば、お父さんの帰りが遅くても、孝君は夕食後のデザートにありつけることができそうです。

2　話を国全体に広げてみましょう。権利者が、その権利を実現するためには必ず裁判所を利用しなければならないというのでは、時間がかかりますし、費用もバカになりません。そのため、実際に裁判まで起こすのは２割程度と言われており、これを二割司法といいます。

裁判所を介さなくとも、権利者と義務者との間で、権利の存否を確認し、その権利を実現することができるというのが、望まれるべき姿です。ODRなど、そのための制度も考えられつつあります。

幸い、現在では、訴訟の三段階のうち、請求・主張段階については、本書などを使って要件事実が簡単に学習できるようになっています。かつては、要件事実論が門外不出のものとされ、司法研修所に入所しなければ習得できないものとされていましたが、今はそんな時代ではありません。法曹でない方が法曹よりも要件事実に精通していても全然不思議ではありません。また、立証段階については、そのルールである証明責任規範の確立が期待されます。ルールが完全に明確になっていれば、権利者は、自らが立証責任を負う法律要件について証拠を固めておくという自衛行動もとれるようになります。

裁判の結果の予測可能性が高まれば、裁判の結果予測を基にして、裁判外で紛争を解決することが当たり前の時代が来るかもしれません。お父さんがいなくても、孝君がお母さんから直接ケーキをもらえるようになっている駒場家のように。

事項索引

【さ行】

【た行】

【ま行】

【や行】

【ら行】

著者略歴

岡口　基一（おかぐち・きいち）

〔略歴〕

平成６年４月13日　　判事補

平成11年４月１日　　東京地方裁判所知的財産権部判事補（特例）

平成16年４月13日　　福岡地方裁判所行橋支部判事

　水戸地方裁判所、大阪高等裁判所、水戸地方裁判所下妻支部、東京高等裁判所を経て

平成31年４月１日　　仙台高等裁判所判事

〔主要著書・論文〕

「知的財産権事件と公証実務」公証128号（日本公証人連合会）

「不正競争防止法２条１項３号」牧野利秋＝飯村敏明編『新裁判実務大系(4)知的財産関係訴訟法』（青林書院）

『要件事実問題集（第５版）』（商事法務）

「事実上の相続放棄」佃浩一＝上原裕之編『家事事件重要判決50選』（立花書房）

『要件事実マニュアル（第６版）』（全５巻・ぎょうせい）

『要件事実入門　初級者編（第３版）』（創耕舎）

『要件事実入門　紛争類型別編（第２版）』（創耕舎）

『裁判官は劣化しているのか』（羽鳥書店）

『最高裁に告ぐ』（岩波書店）

『民事訴訟マニュアル（第３版）』（全２巻・ぎょうせい）

『民事保全・非訟マニュアル』（ぎょうせい）

ゼロからマスターする要件事実
——基礎から学び実践を理解する

令和４年９月15日　第１刷発行
令和６年５月10日　第４刷発行

著　者　岡　口　基　一

発　行　株式会社ぎょうせい

〒136-8575　東京都江東区新木場1-18-11
URL：https://gyosei.jp

フリーコール　0120-953-431
ぎょうせい　お問い合わせ　検索　https://gyosei.jp/inquiry/

〈検印省略〉

印刷　ぎょうせいデジタル（株）

ISBN978-4-324-11179-6
（5108818-00-000）
〔略号：ゼロからマスター〕